העטער אַמערי און סטעפֿען קאַרטווריַיט
Heather Amery & Stephen Cartwright

MAYNE ERSHTE TOYZNT VERTER

מײַנע ערשטע טויזנט ווערטער

oyf yidish

אויף ייִדיש

ibergezetst
fun
Shloyme Lerman

איבערגעזעצט
פֿון
שלמה לערמאַן

אויף יעדער טאָפּלזײַט מיט בילדער באַהאַלט זיך אַ קליין געל קאַטשקעלע. צי קענסטו עס געפֿינען?

Oyf yeder toplzayt mit bilder bahalt zikh a kleyn gel katshkele. Tsi kenstu es gefinen?

דאָס קליינע געלע קאַטשקעלע פֿון סטעפֿען
קאַרטווערײַט האָט דאָס ערשטע מאָל געמאַכט אַ
נורקע מיט 30 יאָר צוריק אין די "ערשטע טויזנט ווערטער".
זינט דעמאָלט האָט זיך דאָס קאַטשקעלע באַוויזן אין מער ווי
200 ביכער און אַנטציקט מיליאָנען לייענערינס און לייענערס
אויף דער גאַנצער וועלט.

Dos kleyne gele katshkele fun Stephen Cartwright hot dos ershte mol gemakht a nurke mit 30 yor tsurik in di "Ershte toyznt verter". Zint demolt hot zikh dos katshkele bavizn in mer vi 200 bikher un anttsikt milyonen leyenerns un leyeners oyf der gantser velt.

דער איבערזעצער און דער פֿאַרלעגער ווילן דאַנקען שמואל נײַדאָרף, לאה ראָבינסאָן און אליעזר ניבאָרסקי פֿאַר זייער וואַרעם־האַרציקער הילף בײַם צוגרייטן דעם בוך.

Der iberzetser un der farleger viln danken Shmoyl Naydorf, Leye Robinson un Eliezer Niborski far zeyer varem-hartsiker hilf baym tsugreytn dem bukh.

© 2022 Edition Tintenfaß
D-69239 Neckarsteinach, Tel. / Fax: +49 - 62 29 - 23 22
www.editiontintenfass.de; info@editiontintenfass.de
Satz: τ-lexis · O. Lange, Heidelberg
Druck: Appel & Klinger, Schneckenlohe

ISBN 978-3-947994-30-4

This revised edition first published in 2013 by Usborne Publishing Ltd, 83-85 Saffron Hill, London EC1N 8RT. www.usborne.com
Based on a previous title first published in 1979.

אַרײַנפֿיר

ייִדיש איז די שפּראַך פֿון די אַשכּנזישע ייִדן. פֿאַר דער צווייטער וועלט־מלחמה, האָבן 12 מיליאָן מענטשן גערעדט ייִדיש אין מיזרח־אייראָפּע ווי אויך אין די פֿאַראייניקטע שטאַטן, פֿראַנקרײַך, אַרגענטינע און אַנדערע לענדער. די הויפּט־סיבות פֿון דער ירידה פֿון ייִדיש זענען געווען דער חורבן מיטן באַרבאַרישן מאָרד פֿון 6 מיליאָן ייִדן דורך די נאַציס, די סטאַליניסטישע פּאָליטיק קעגן דער ייִדישער קולטור אין ראַטן־פֿאַרבאַנד און די ציוניסטישע אידעאָלאָגיע אין ארץ־ישׂראל אײַנצופֿירן די העברעיִשע שפּראַך און בויקאָטירן ייִדיש.

הײַנט רעדט ייִדיש, צום מערסטן, דער עלטערער דור אין די פֿאַראייניקטע שטאַטן, ישׂראל און אַרגענטינע, און די צאָל רעדער ווערט וואָס אַ מאָל קלענער. נאָר אין די אולטראַאָרטאָדאָקסישע קרײַזן איז ייִדיש דאָס מאַמע־לשון בײַם יונגן דור. מען שאַצט אַז ייִדיש איז די מוטערשפּראַך בײַ אַן ערך איין מיליאָן מענטשן אויף דער וועלט.

ייִדיש שטאַמט פֿון מיטל־הויכדײַטש און האָט זיך קריסטאַליזירט ווי אַן אומאָפּהענגיקע שפּראַך אין דעם מיטל־עלטער (מיט אַ 1000 יאָר צוריק) בײַ די קהילות צווישן דײַטשלאַנד און פֿראַנקרײַך. ייִדיש שרײַבט מען מיט העברעיִשע אותיות און אַ סך העברעיִשע ווערטער האָבן זיך אײַנגעוואָרצלט אין דער שפּראַך. אין 13טן י״ה האָבן ייִדן געוואַנדערט קיין מיזרח־ און צענטראַל־אייראָפּע, און דאָרט האָט די שפּראַך זיך באַרײַכערט מיט סלאַווישע עלעמענטן. פּונקט ווי ענגליש (וואָס האָט אײַנגעזאַפּט אַנגלאָ־סאַקסישע, אַלט־פֿראַנצייזישע און סקאַנדינאַווישע ווערטער) ווערט אויך ייִדיש באַטראַכט ווי אַ שמעלצשפּראַך.

די ווערטער אין דעם איצטיקן בוך זענען געשריבן מיטן ייִדישן אַלף־בית און גלײַכצײַטיק מיט דעם לאַטײַנישן אַלפֿאַבעט לויט די אויסלייג־כּללים פֿון ייִוואָ (ייִדישער וויסנשאַפֿטלעכער אינסטיטוט), וואָס זענען אָנגענומען אין אַלע אַקאַדעמישע אַנשטאַלטן.

מיר ווינטשן אײַך איר זאָלט האָבן הנאה פֿון דעם בוך.

שלמה לערמאַן (איבערזעצער) און וואַלטער זאַוער (פֿאַרלעגער)

Araynfir

Yidish iz di shprakh fun di ashkenazishe yidn. Far der tsveyter velt-milkhome, hobn 12 milyon mentshn geredt yidish in Mizrekh-Eyrope vi oykh in di Fareynikte Shtatn, Frankraykh, Argentine un andere lender. Di hoypt-sibes fun der yeride fun yidish zenen geven der khurbn mitn barbarishn mord fun 6 milyon yidn durkh di natsis, di stalinistishe politik kegn der yidisher kultur in Ratn-Farband un di tsyenistishe ideologye in Erets-Yisroel ayntsufirn di hebreishe shprakh un boykotirn yidish.

Haynt redt yidish, tsum merstn, der elterer dor in di Fareynikte Shtatn, Yisroel un Argentine, un di tsol reder vert vos a mol klener. Nor in di ultraortodoksishe krayzn iz yidish dos mame-loshn baym yungn dor. Men shatst az yidish iz di mutershprakh bay an erekh eyn milyon mentshn oyf der velt.

Yidish shtamt fun mitl-hoykhdaytsh un hot zikh kristalizirt vi an umophengike shprakh in dem mitl-elter (mit a 1000 yor tsurik) bay di kehiles tsvishn Daytshland un Frankraykh. Yidish shraybt men mit hebreishe oysyes un a sakh hebreishe verter hobn zikh ayngevortslt in der shprakh. In draytsetn yorhundert hobn yidn oysgevandert keyn Mizrekh- un Tsentral-Eyrope, un dort hot di shprakh zikh baraykhert mit slavishe elementn. Punkt vi english (vos hot ayngezapt anglo-saksishe, alt-frantseyzishe, un skandinavishe verter) vert oykh yidish batrakht vi a shmeltsshprakh.

Di verter in dem itstikn bukh zenen geshribn mitn yidishn alef-beys un glaykhtsaytik mit dem lataynishn alfabet loyt di oysleyg-klolim fun YIVO (yidisher visnshaftlekher institut), vos zenen ongenumen in ale akademishe anshtaltn.

Mir vintshn aykh ir zolt hobn hanoe fun dem bukh.

Shloyme Lerman (iberzetser) un Walter Sauer (farleger)

di farbn | די פֿאַרבן

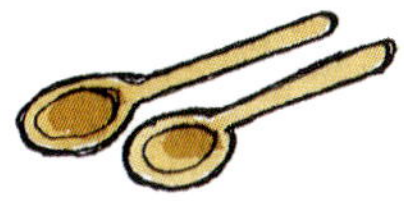

di lefl | די לעפֿל

der shnek | דער שנעק

dos flaterl | דאָס פֿלאַטערל

der helikopter | דער העליקאָפּטער

di lyalkes | די ליאַלקעס

der shokolad | דער שאָקאָלאַד

in der heym
אין דער היים

di vane | די וואַנע

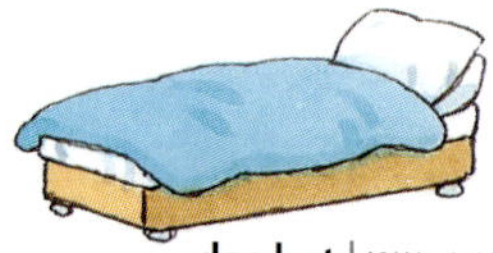

dos bet | דאָס בעט

der zeyf | דער זייף

der kran | דער קראַן

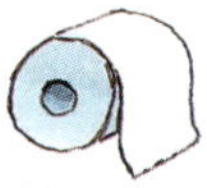

dos klozet-papir
דאָס קלאָזעט־פּאַפּיר

dos tseynbershtl | דאָס ציינבערשטל

dos vaser | דאָס וואַסער

der klozet | דער קלאָזעט

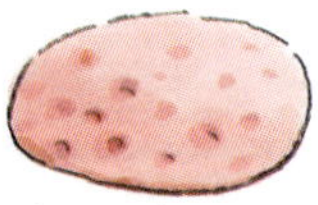

der shvom | דער שוואָם

der bekn | דער בעקן

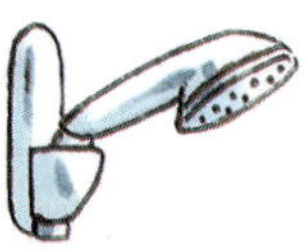

der tush | דער טוש

der bodtsimer | דער באָדצימער

der voyntsimer
דער וווינצימער

der hantekh | דער האַנטעך

di tseynpaste | די ציינפּאַסטע

der radyo | דער ראַדיאָ

der kishn
דער קישן

der de-ve-de
דער דע־ווע־דע

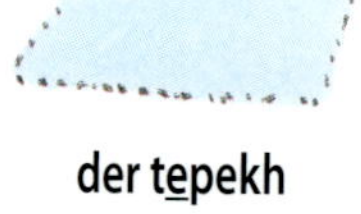

der tepekh
דער טעפּעך

di sofe | די סאָפֿע

di shtul | די שטול

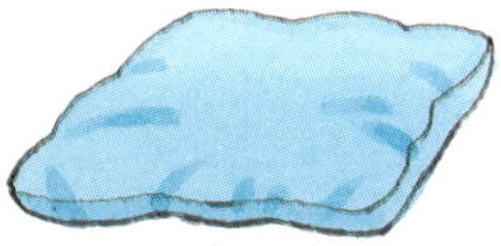
di perene | די פּערענע

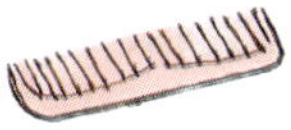
dos keml | דאָס קעמל

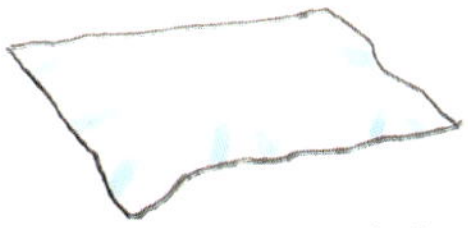
der laylekh | דער ליילעך

der tepekh | דער טעפּעך

di kleydershank | די קליידערשאַנק

der shloftsimer | d Kammer
דער שלאָפֿצימער

der televizor | דער טעלעוויזאָר

der kamod | דער קאַמאָד

der shpigl | דער שפּיגל

dos horbershtl | דאָס האָרבערשטל

dos firhoyz
דאָס פֿירהויז

der lomp | דער לאָמפּ

di bilder | די בילדער

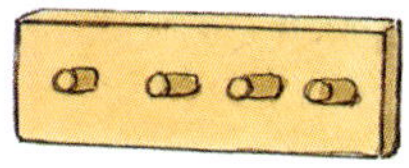
der henger | דער הענגער

der telefon | דער טעלעפֿאָן

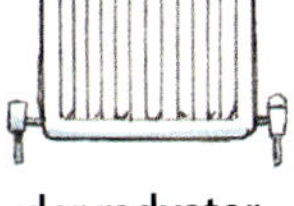
der radyator
דער ראַדיאַטאָר

di frukhtn
די פֿרוכטן

di tsaytung | די צייטונג

der tish | דער טיש

di briv
די בריוו

di trep | די טרעפּ

di kikh | די קיך

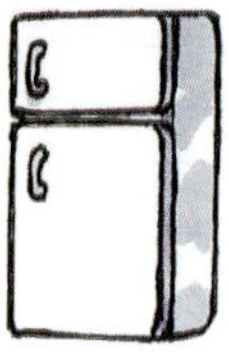
der fridzhider | דער פֿרידזשידער

di glezer | די גלעזער

der zeyger | דער זייגער

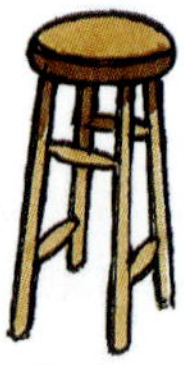
di taburetke | די טאַבורעטקע

di lefelekh | די לעפֿעלעך

der oysshliser | דער אויסשליסער

der vashproshik
דער וואַשפּראָשיק

der shlisl | דער שליסל

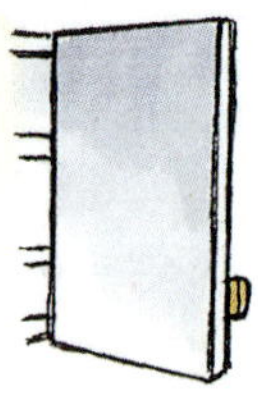
di tir | די טיר

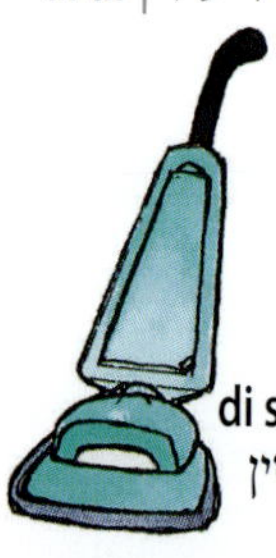
di shtoybmashin
די שטויבמאַשין

der opgos | דער אָפּגאָס

di tep
די טעפּ

di goplen | די גאָפּלען

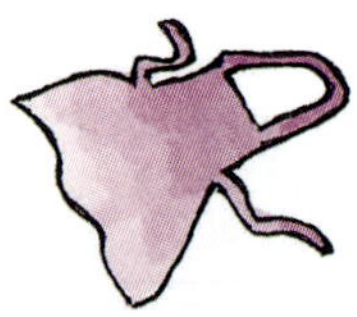
der fartekh |
דער פֿאַרטעך

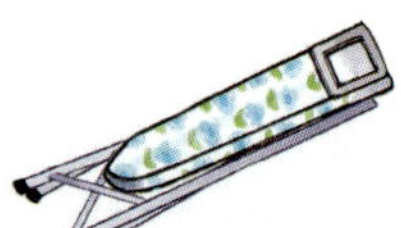
dos prestishl
דאָס פּרעסטישל

dos mist | דאָס מיסט

der tshaynik | דער טשײַניק

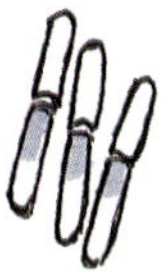

di mesers | די מעסערס

der vishbezem
דער ווישבעזעם

di shmate | די שמאַטע

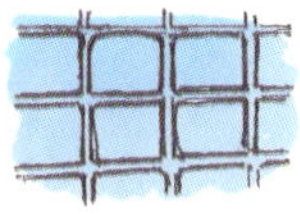

di kakhlen | די קאַכלען

der bezem
דער בעזעם

di vashmashin | די וואַשמאַשין

dos shayvele | דאָס שײַוועלע

der shuflod | דער שופֿלאָד

di untertetslekh
די אונטערטעצלעך

di patelnye | די פּאַטעלניע

di kokhplite | די קאָכפּליטע

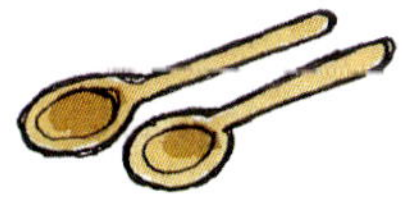

di lefl | די לעפֿל

di telers | די טעלערס

der presayzn | דער פּרעסאײַזן

di shank | די שאַנק

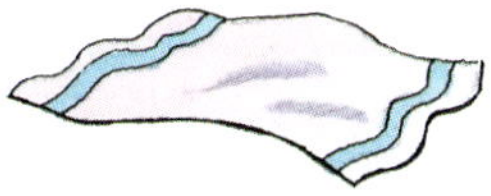

di stsirke | די סצירקע

di teplekh
די טעפּלעך

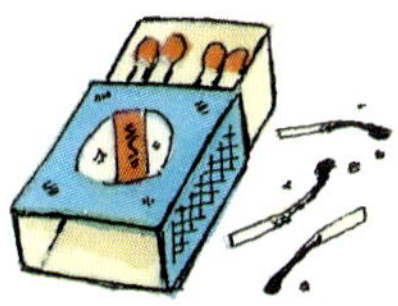

di shvebelekh
די שוועבעלעך

di barsht
די באַרשט

di shislen | די שיסלען

der gortn | דער גאָרטן

dos giserl | דאָס גיסערל

di tatshke | די טאַטשקע

der binshtok | דער בינשטאָק

der shnek | דער שנעק

di tsigl | די ציגל

di toyb | די טויב

der ridl | דער רידל

dos moyshe-rabeynes kiele
דאָס משה־רבנוס קיִעלע

der mistkastn | דער מיסטקאַסטן

di zoymen | די זוימען

der saray | דער סאַרײַ

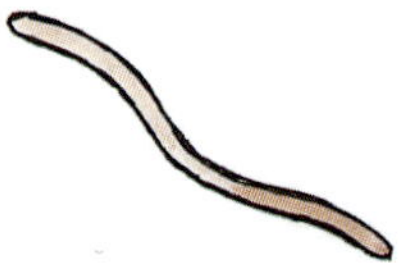

der vorem | דער וואָרעם

di blumen | די בלומען

der bashpritser
דער באַשפּריצער

di sape | די סאַפּע

di vesp | די וועספּ

di bin | די בין

di kelnye | די קעלניע

der beyn | דער ביין

der lebediker ployt
דער לעבעדיקער פּלויט

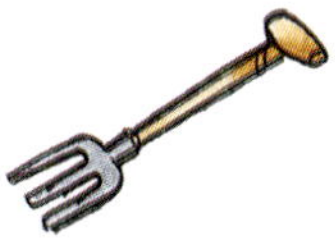

der heygopl | דער הייגאָפּל

der grozshnayder
דער גראָז־שנײַדער

der shteg | דער שטעג

di bleter | די בלעטער

der boym | דער בוים

der roykh | דער רויך

dos shleyerl | דאָס שלייערל

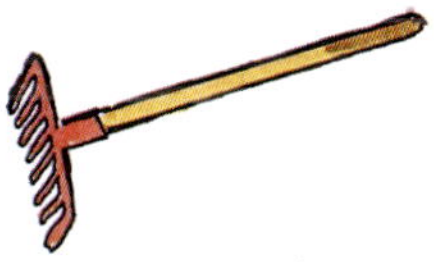

di grablye | די גראַבליע

di nest | די נעסט

di tsvaygn | די צווײַגן

dos groz | דאָס גראָז

dos kinder-vegele
דאָס קינדער־װעגעלע

di grinsn | די גרינסן

dos fayer
דאָס פֿײַער

di kishke | די קישקע

di oranzherye
די אָראַנזשעריע

der varshtat
דער וואַרשטאַט

dos shroyfshtik | דאָס שרויפֿשטיק

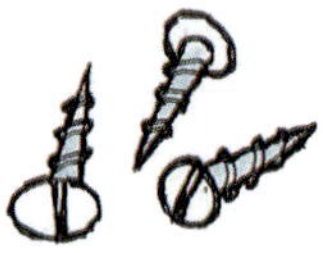

di shroyfn | די שרויפֿן

dos glozpapir | דאָס גלאָזפּאַפּיר

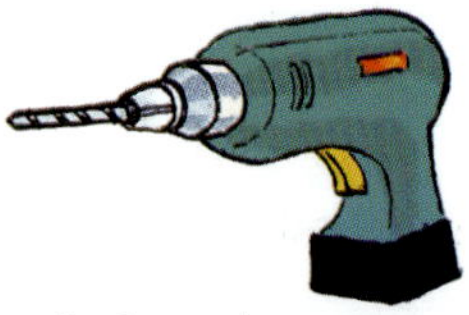

der boyer | דער בויער

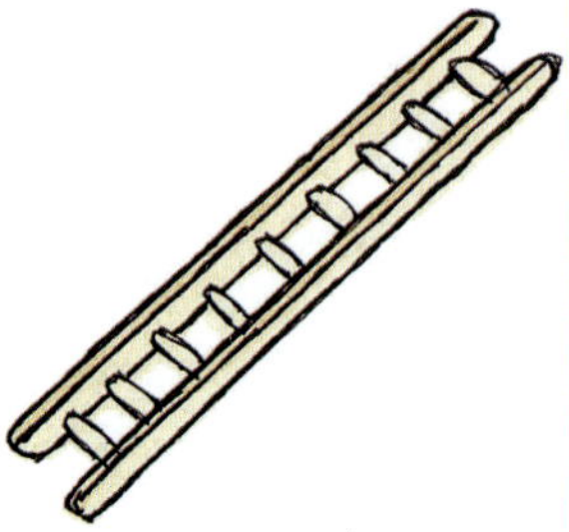

der leyter | דער לייטער

di zeg | די זעג

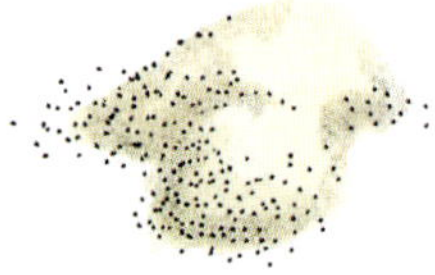

dos zegekhts | דאָס זעגעכץ

der kalendar | דער קאַלענדאַר

dos getsayg-kestl
דאָס געצײַג־קעסטל

der shroyfn-tsier
דער שרויפֿן־ציִער

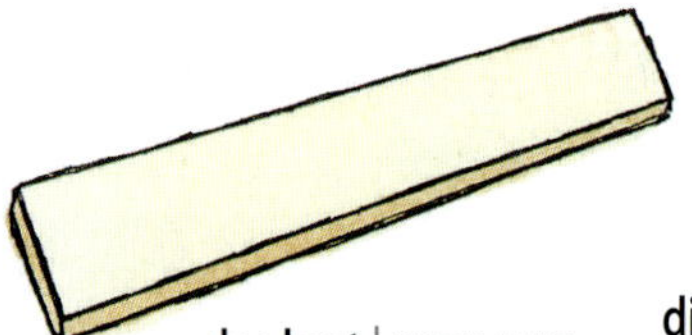

dos bret | דאָס ברעט

di hublinkes | די הובלינקעס

dos meserl | דאָס מעסערל

di shtiftlekh | די שטיפֿטלעך

der shpin | דער שפּין

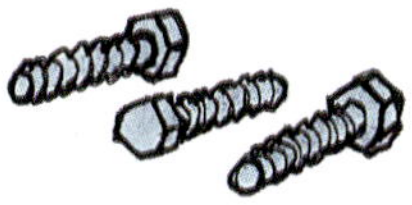

di boltsn | די באָלצן

di muterkes | די מוטערקעס

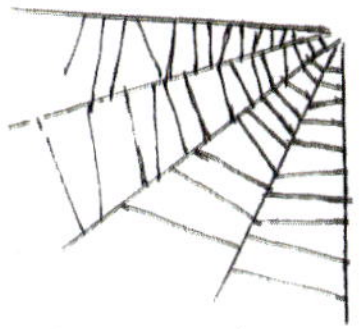

dos shpinvebs | דאָס שפּינוועבס

di fas | די פֿאַס

di flig | די פֿליג

di hak | די האַק

di mesttashme | די מעסטטאַשמע

der hamer | דער האַמער

di fayl | די פֿײַל

dos farbntepl | דאָס פֿאַרבנטעפּל

dos holts | דאָס האָלץ

di tshvekes | די טשוועקעס

der verkshtel | דער ווערקשטעל

di sloyes | די סלויעס

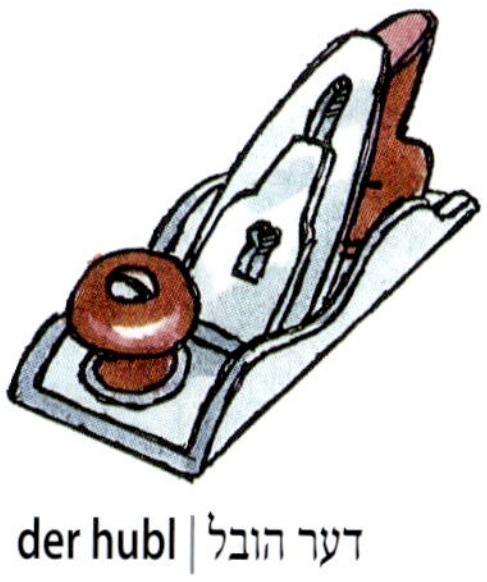

der hubl | דער הובל

di gas | די גאַס

di krom | די קראָם

der lokh | דער לאָך

der kafe | דער קאַפֿע

der ambulans | דער אַמבולאַנס

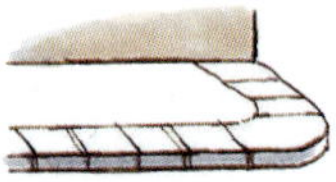

der trotuar | דער טראָטואַר

di statue | די סטאַטוע

der koymen | דער קוימען

der dakh | דער דאַך

der oysgrober | דער אויסגראָבער

der hotel | דער האָטעל

der oytobus | דער אויטאָבוס

der man
דער מאַן

der politsey-oyto
דער פּאָליציי־אויטאָ

di rern
די רערן

der opklap-hamer
דער אָפּקלאַפּ־האַמער

di shul | די שול

der shpilplats
דער שפּילפּלאַץ

der mase-oyto | דער משׂא־אויטאָ
di taksi | די טאַקסי
di zebre-pasn | די זעברע־פּאַסן
di fabrik | די פֿאַבריק
der forsignal
דער פֿאָרסיגנאַל
der kino | דער קינאָ
di mase-fur | די משׂא־פֿור
der valts | דער וואַלץ
der nokhforer | דער נאָכפֿאָרער
dos hoyz | דאָס הויז
der mark | דער מאַרק
di trep | די טרעפּ
der motor-bitsikl
דער מאָטאָר־ביציקל
der rover
דער ראָווער
der leshoyto
דער לעשאויטאָ
der politsyant | דער פּאָליציאַנט
der oyto | דער אויטאָ
di froy | די פֿרוי
der lamtern
דער לאַמטערן
di dires | די דירות

dos shpiltsayg-gesheft
דאָס שפּילצײַג־געשעפֿט

di harmoshke | די האַרמאָשקע

di shpilban | די שפּילבאַן

di verflekh | די ווערפֿלעך

dos fleytl | דאָס פֿלייטל

der robot | דער ראָבאָט

der haldzband | דער האַלדזבאַנד

der foto-aparat
דער פֿאָטאָ־אַפּאַראַט

di kreln | די קרעלן

di lyalkes | די ליאַלקעס

di gitare | די גיטאַרע

der ring | דער רינג

dos lyalkehoyz
דאָס ליאַלקעהויז

dos fayfl
דאָס פֿײַפֿל

di kletslekh
די קלעצלעך

der shlos | דער שלאָס

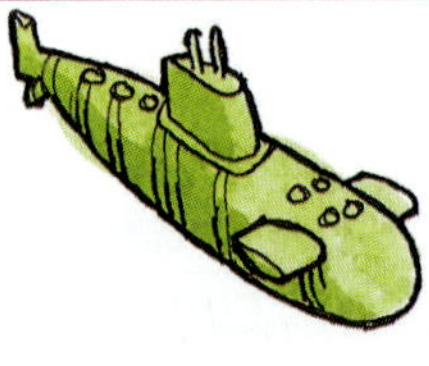
der submarin | דער סובמאַרין

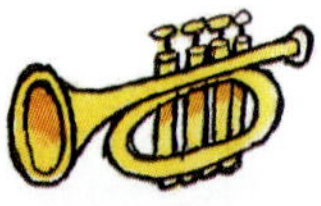
der trumeyt
דער טרומייט

di fayln | די פֿײַלן

der boygn
דער בויגן

der parashut
דער פּאַראַשוט

dos shifl
דאָס שיפֿל

dos shminkkestl
דאָס שמינקקעסטל

der damfvalts
דער דאַמפֿוואַלץ

di maskes | די מאַסקעס

der yogoyto | דער יאָגאויטאָ

dos vigferdl | דאָס וויגפֿערדל

di geltpushke | די געלטפּושקע

di biklekh | די ביקלעך

di maryonetkes | די מאַריאָנעטקעס

di pyane | די פּיאַנע

di astronoytn | די אַסטראָנויטן

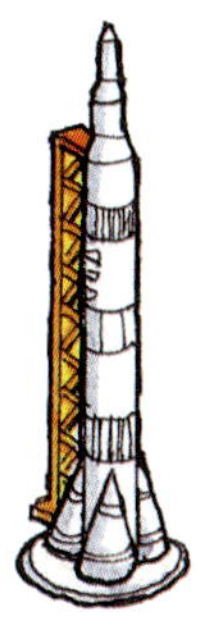
der raket | דער ראַקעט

der heybkran
דער הייבקראַן

di kortn | די קאָרטן

di poykn | די פּויקן

di soldatn | די סאָלדאַטן

dos farbkestl | דאָס פֿאַרבקעסטל

der park
דער פּאַרק

di hoydlkes | די הוידלקעס

di bank | די באַנק

der zamdkastn | דער זאַמדקאַסטן

der piknik | דער פּיקניק

di flishlang
די פֿלישלאַנג

der ayzkrem | דער אײַזקרעם

der hunt | דער הונט

der toyer | דער טויער

der shteg | דער שטעג

di zhabe | די זשאַבע

di glitshlke
די גליטשלקע

di kopeklekh | די קאָפּעקלעך

di ozere
די אָזערע

di redlshikh | די רעדלשיך

der kust
דער קוסט

dos eyfele
דאָס עופֿעלע

dos redlbret | דאָס רעדלברעט

di erd | די ערד

dos kinder-vegele
דאָס קינדער־וועגעלע

dos vigbret | דאָס וויגברעט

di kinder | די קינדער

di drayrod | די דרײַראָד

di feygl | די פֿייגל

der parkn | דער פּאַרקן

der balem | דער באַלעם

di yakhtshif | די יאַכטשיף

di shnur | די שנור

di kaluzhe | די קאַלוזשע

di katshkelekh | די קאַטשקעלעך

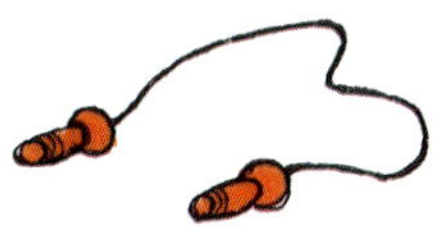

di shpringshtrik | די שפּרינגשטריק

di blumenbeyt
די בלומענבייט

di shvanen | די שוואַנען

der rimen | דער רימען

di katshkes
די קאַטשקעס

di beymer | דיביימער

di khayes

די חיות

di pande | די פּאַנדע

der fligl
דער פֿליגל

der odler
דער אָדלער

der hipopotam
דער היפּאָפּאָטאַם

di gorile
די גאָרילע

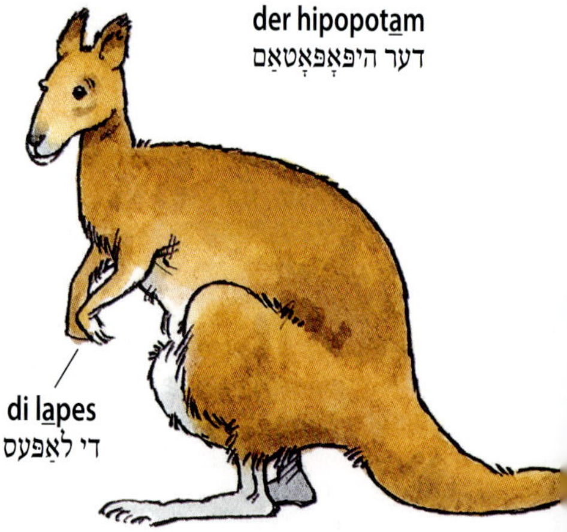

di lapes
די לאַפּעס

der kenguru | דער קענגורו

di fledermoyz
די פֿלעדערמויז

di malpe | די מאַלפּע

der veydl
דער ווײדל

der volf
דער וואָלף

der krokodil
דער קראָקאָדיל

der ayzbarg
דער אײַזבאַרג

der pingvin
דער פּינגווין

der ber
דער בער

der pelikan
דער פּעליקאַן

di federn
די פֿעדערן

der shtroys
דער שטרויס

der delfin
דער דעלפֿין

der zhiraf | דער זשיראַף

der leyb
דער לייב

di leybelekh
די לייבעלעך

der hirsh | דער הירש
der keml
דער קעמל
der yam-hunt
דער ים־הונט
der vayser ber
דער ווײַסער בער
di tsherepakhe
די טשערעפּאַכע
der shnuk
דער שנוק
der helfand
דער העלפֿאַנד
der noz-horn
דער נאָזהאָרן
dos vizltir
דאָס וויזלטיר
der biber
דער ביבער
di herner
די הערנער
di zebre
די זעברע
di shlang
די שלאַנג
di tsig | די ציג
der hayfish
דער הײַפֿיש
der valfish
דער וואַלפֿיש
der tiger | דער טיגער
der lempert
דער לעמפּערט

di rayze | די רײַזע

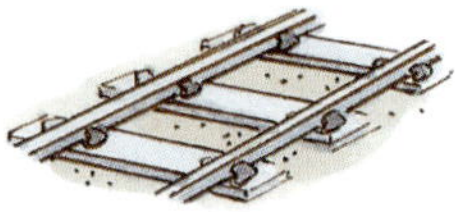
di relsn | די רעלסן

der lokomotiv | דער לאָקאָמאָטיוו

di bufern | די בופֿערן

der vagon | דער וואַגאָן

der banfirer | דער באַנפֿירער

di skhoyre-ban | די סחורה־באַן

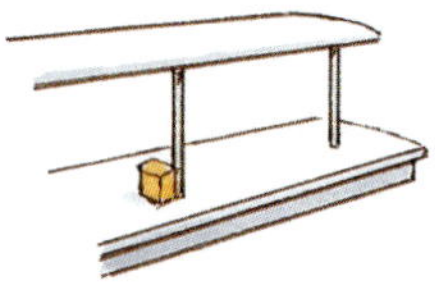
di platforme | די פּלאַטפֿאָרמע

der konduktor | דער קאָנדוקטאָר

di valizke | די וואַליזקע

der biletn-oytomat
דער בילעטן־אויטאָמאַט

di banstantsye | די באַנסטאַנציע

di benzin-stantsye | די בענזין־סטאַנציע

di signaln
די סיגנאַלן

der rukzak
דער רוקזאַק

di fonarn | די פֿאָנאַרן

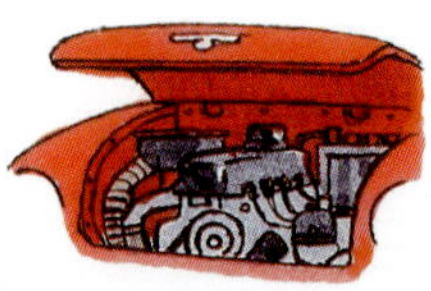
der motor
דער מאָטאָר

di rod | די ראָד

di baterye
די באַטעריע

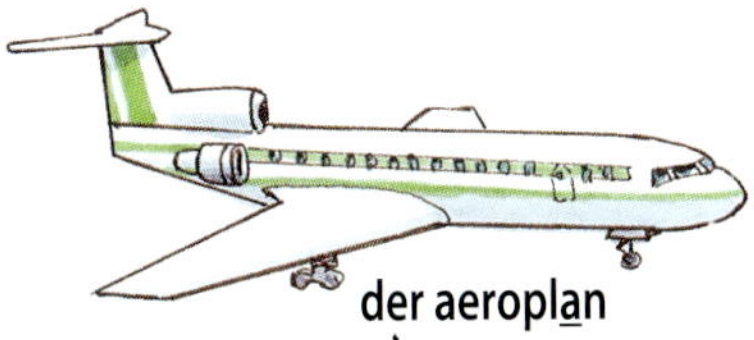

der aeroplan
דער אַעראָפּלאַן

der helikopter
דער העליקאָפּטער

der startpas
דער סטאַרטפּאַס

der kontrol-turem
דער קאָנטראָל־טורעם

der fliplats | דער פֿליפּלאַץ

der stuard | דער סטואַרד

der pilot | דער פּילאָט

di oyto-vesheray
די אויטאָ־וועשערײַ

der bagazhnik | דער באַגאַזשניק

di oyto-vesheray | די אויטאָ־וועשערײַ

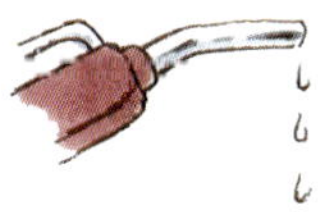

der benzin
דער בענזין

der shlepoyto
דער שלעפּאויטאָ

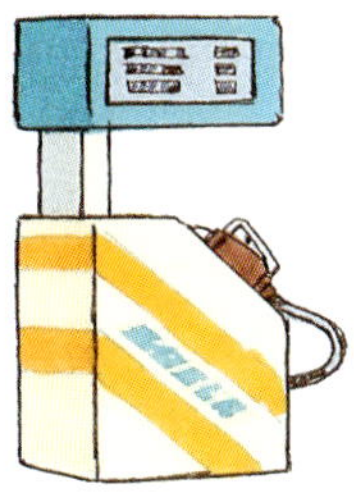

di benzin-pompe
די בענזין־פּאָמפּע

der tsisterne-oyto
דער ציסטערנע־אויטאָ

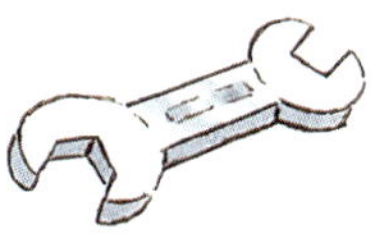

der muter-shlisl
דער מוטער־שליסל

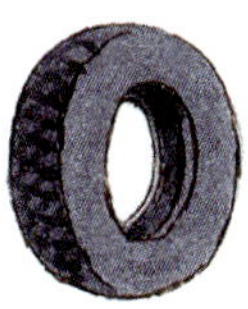

der gumereyf
דער גומערייף

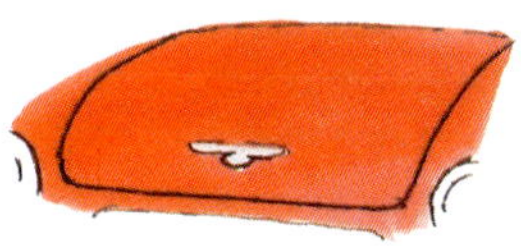

der motordek
דער מאָטאָרדעק

der eyl
דער אייל

dos land | דאָס לאַנד

di vintmil | די ווינטמיל

der barg | דער באַרג

der luftbalon | דער לופֿטבאַלאָן

dos flaterl | דאָס פֿלאַטערל

di yashtsherke | די יאַשטשערקע

di shteyner | די שטיינער

der fuks | דער פֿוקס

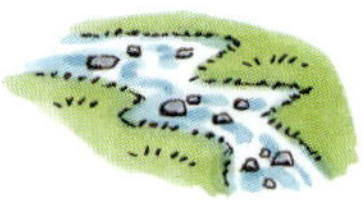

dos taykhl | דאָס טײַכל

der vegtseykhn | דער וועגצייכן

der shtekhler | דער שטעכלער

der shlyuz
דער שליוז

der vevrik | דער וועווריק

der vald
דער וואַלד

der barsuk
דער באַרסוק

der taykh | דער טײַך

der veg | דער וועג

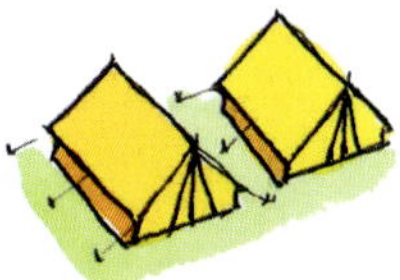
di getseltn
די געצעלטן

der kanal
דער קאַנאַל

di kletser
די קלעצער

dos dorf | דאָס דאָרף

der mol | דער מאָל

di brik | די בריק

di barzhe | די באַרזשע

der vaserfal | דער וואַסערפֿאַל

di sove | די סאָווע

der tunel | דער טונעל

di fikselekh | די פיקסעלעך

der kret | דער קרעט

der fisher | דער פֿישער

dos bergl | דאָס בערגל

di feldzn
די פֿעלדזן

di broske | די בראָסקע

di ban | די באַן

der karavan
דער קאַראַוואַן

der folvark
דער פֿאָלוואַרק

der stoyg | דער סטויג

der hon | דער האָן

der shofhunt | דער שאָפֿהונט

di lemer | די לעמער

di sazhlke | די סאַזשלקע

di hindelekh | די הינדעלעך

der heyboydem | דער הייבוידעם

der khazer-shtal
דער חזיר־שטאַל

der bik | דער ביק

der hinershtal | דער הינערשטאַל

der traktor
דער טראַקטאָר

di gendz | די גענדז

der tsisterne-oyto
דער ציסטערנע־אויטאָ

der shayer | דער שײַער

di blote | די בלאָטע

dos vegele
דאָס וועגעלע

der poyer | דער פּויער

dos feld
דאָס פֿעלד

di hiner
די הינער

dos kalb | דאָס קאַלב

der ployt | דער פּלויט

der zotl
דער זאָטל

der kushtal | דער קושטאַל

di ku | די קו

der aker | דער אַקער

der sod | דער סאָד

der shtal | דער שטאַל

di khazeyrimlekh | די חזירימלעך

der eyzl | דער אייזל

di indikes | די אינדיקעס

di strashidle | די סטראַשידלע

dos hey | דאָס היי

di shof | די שאָף

di shtroybalns
די שטרויבאַלנס

dos ferd
דאָס פֿערד

di khazeyrim
די חזירים

dos farmhoyz | דאָס פֿאַרמהויז

der yam-breg
דער ים־ברעג

di zeglshif | די זעגלשיף

di mushl | די מושל

der yam | דער ים

der ruder | דער רודער

der laykhtturem | דער לײַכטטורעם

der ridl | דער רידל

der emer | דער עמער

der yam-shtern | דער ים־שטערן

der zamdshlos | דער זאַמדשלאָס

di parasolke | די פּאַראַסאָלקע

di fon | די פֿאָן

der matros
דער מאַטראָס

der rak | דער ראַק

di meve | די מעווע

der indzl
דער אינדזל

dos motorshifl
דאָס מאָטאָרשיפֿל

der vaserski
דער וואַסערסקי

di khvalyes
די כוואַליעס

der zunhut
דער זונהוט

der feldz | דער פֿעלדז

di shif | די שיף

der kanu
דער קאַנו

di shtrik | די שטריק

di shteyndlekh | די שטיינדלעך

di yam-grozn | די ים־גראָזן

di nets | די נעץ

di vyosle | די וויאָסלע

dos fishershifl | דאָס פֿישערשיפֿל

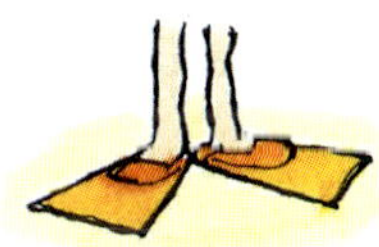

di ruderfis | די רודערפֿיס

di zunkrem | די זונקרעם

der fish | דער פֿיש

der bodkostyum
דער באָדקאָסטיום

der nafttanker
דער נאַפֿטטאַנקער

di plazhe
די פּלאַזשע

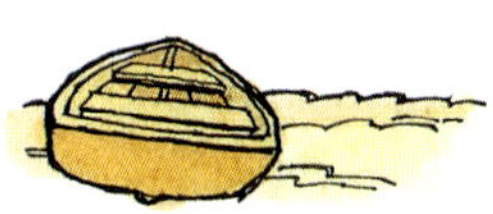

dos rudershifl
דאָס רודערשיפֿל

di ligshtul | די ליגשטול

di shul | די שול

dos sherl | דאָס שערל

2 + 2 = 4
2 + 3 = 5
rekhenen | רעכענען

der gume-meker | דער גומע־מעקער

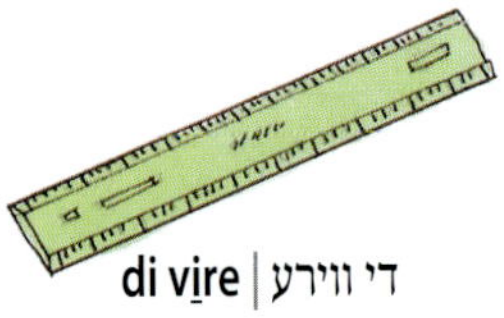
di vire | די ווירע

di fotografyes | די פֿאָטאָגראַפֿיעס

di filtspenen | די פֿילצפענען

der leym | דער ליים

di farbn | די פֿאַרבן

dos yingl | דאָס ייִנגל

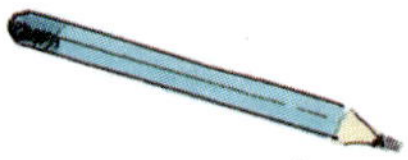
der blayer | דער בלײַער

der tovl | דער טאָוול

der shraybtish
דער שרײַבטיש

di bikher
די ביכער

di pen | די פען

der kley | דער קליי

di krayd
די קרײַד

di tseykhenung
די צייכענונג

der papirkoysh
דער פּאַפּירקויש

di lerern | די לערערין

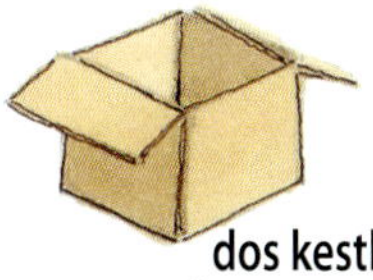
dos kestl
דאָס קעסטל

di mape | די מאַפּע

der pendzl
דער פּענדזל

di stelye | די סטעליע

di vant | די וואַנט

di podloge | די פּאָדלאָגע

der heft | דער העפֿט

der alef-beys | דער אַלף־בית

der optseykhn | דער אָפּצייכן

der akvaryum | דער אַקוואַריום

dos papir | דאָס פּאַפּיר

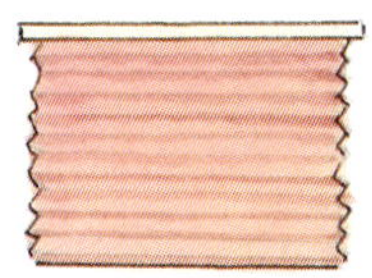
di zhaluzye | די זשאַלוזיע

dos molbret | דאָס מאָלברעט

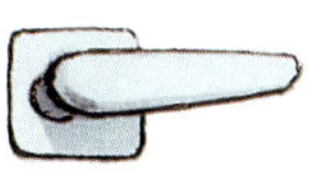
di klyamke | די קליאַמקע

di flants
די פֿלאַנץ

der globus | דער גלאָבוס

dos meydl
דאָס מיידל

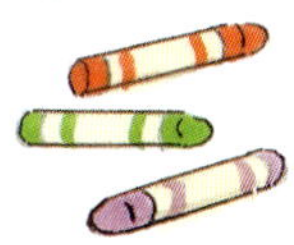
di kraydlekh | די קרײַדלעך

der lomp
דער לאָמפּ

der shpitol
דער שפּיטאָל

der sanitar | דער סאַניטאַר

di vate | די וואַטע

der medikament | דער מעדיקאַמענט

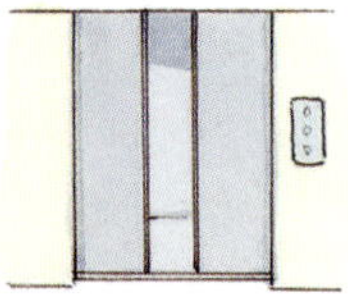
di vinde | דיווינדע

der shlofrok | דער שלאָפֿראָק

di kulyes | די קוליעס

di piln | די פּילן

di tats | די טאַץ

der zeyger | דער זייגער

der termometer
דער טערמאָמעטער

der forhang | דער פֿאָרהאַנג

der epl | דער עפּל

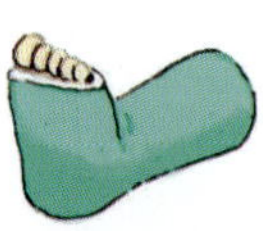
der gips
דער גיפּס

der bandazh
דער באַנדאַזש

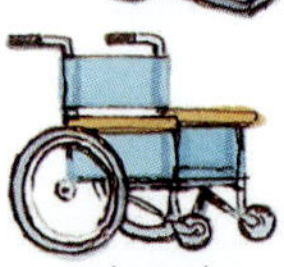
di redlshtul | די רעדלשטול

der pazl | דער פּאַזל

di doktershe
די דאָקטערשע

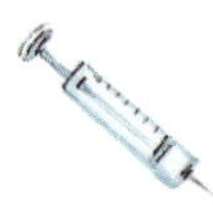
der shpritser
דער שפּריצער

der dokter
דער דאָקטער

di pantofl
די פּאַנטאָפֿל

der kompyuter | דער קאָמפּיוטער

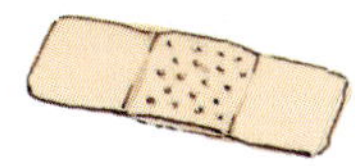

der flaster | דער פֿלאַסטער

di banane | די באַנאַנע

di vayntroybn | די ווײַנטרויבן

der koysh | דער קויש

di shpilekhlekh | די שפּילעכלעך

di barne | די באַרנע

di kartlekh | די קאַרטלעך

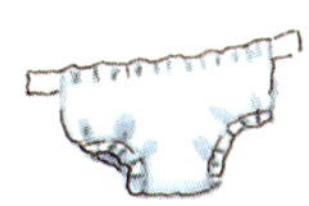

dos vindl | דאָס ווינדל

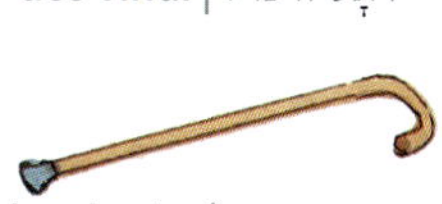

der shtekn | דער שטעקן

der vartzal | דער וואַרטזאַל

der kishn | דער קישן

dos nakhthemd
דאָס נאַכטהעמד

di pizhame | די פּיזשאַמע

der marants
דער מאַראַנץ

di papir-tikhlekh
די פּאַפּיר־טיכלעך

dos komiksbikhl
דאָס קאָמיקסביכל

di mesibe
די מסיבה

dos geshank
דאָס געשאַנק

der luftbalon | דער לופֿטבאַלאָן

der shokolad | דער שאָקאָלאַד

di briln | די ברילן

dos tsukerl | דאָס צוקערל

der fentster | דער פֿענצטער

di fayerverk | די פֿײַערווערק

di lente | די לענטע

der kukhn
דער קוכן

di shtroy | די שטרוי

dos likhtl
דאָס ליכטל

di girlande | די גירלאַנדע

dos shpilvarg | דאָס שפּילוואַרג

di mandarinke
די מאַנדאַרינקע

der salami | דער סאַלאַמי

dos berele | דאָס בערעלע

der vursht | דער ווורשט

di tshiplekh | די טשיפּלעך

der kostyum | דער קאָסטיום

di karsh | די קאַרש

der zaft | דער זאַפֿט

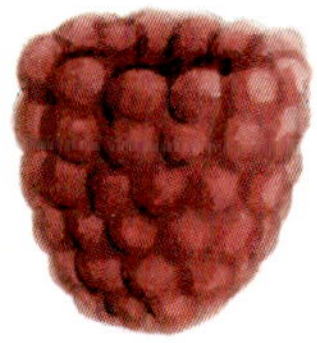

di maline | די מאַלינע

di truskafke | די טרוסקאַפֿקע

dos lempl | דאָס לעמפּל

di shnitke | די שניטקע

di puter | די פּוטער

der biskvit
דער ביסקוויט

der kez | דער קעז

dos broyt
דאָס ברויט

der tishtekh | דער טישטעך

di krom | די קראָם

dos aynkoyf-baytl
דאָס אײַנקויף־בײַטל

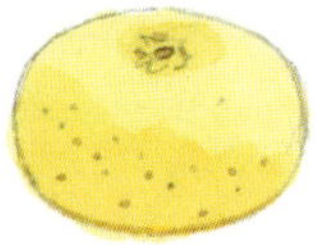
der greypfrukht | דער גרייפּפֿרוכט

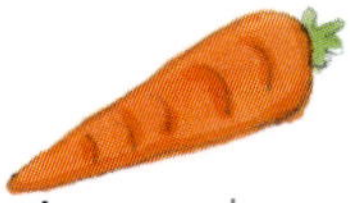
der meyer | דער מייער

der kalifyor | דער קאַליפֿיאָר

di pore-tsibele | די פּאָרע־ציבעלע

der shvom | דער שוואָם

di ugerke | די אוגערקע

der tsitrin | דער ציטרין

di selerye | די סעלעריע

der aprikos | דער אַפּריקאָס

der melon | דער מעלאָן

di tsibele | די ציבעלע

di kroyt | די קרויט

di fershke
די פֿערשקע

der salat
דער סאַלאַט

di arbes | די אַרבעס

der pomidor
דער פּאָמידאָר

di eyer
די אייער

di floym
די פֿלוים

di mel | די מעל

di vog | די וואָג

di sloyes
די סלויעס

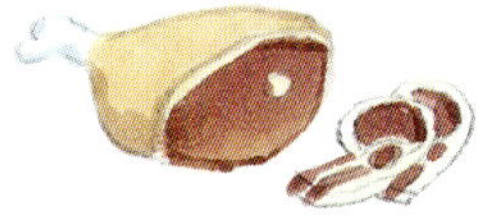

dos fleysh
דאָס פֿלייש

der ananas | דער אַנאַנאַס

der yogurt | דער יאָגורט

der koysh | דער קויש

di flesher | די פֿלעשער

dos hantbaytl | דאָס האַנטבײַטל

dos geltbaytl | דאָס געלטבײַטל

dos gelt | דאָס געלט

di konservn | די קאָנסערוון

di kartoflyes
די קאַרטאָפֿליעס

der shpinat
דער שפּינאַט

di bobes
די באָבעס

di kase | די קאַסע

der kirbes
דער קירבעס

dos aynkoyf-vegele
דאָס אײַנקויף־וועגעלע

dos esnvarg
דאָס עסנוואַרג

der frishtik
דער פֿרישטיק

der mitog | דער מיטאָג

dos gekokhte ey
דאָס געקאָכטע איי

dos grilbroyt | דאָס גרילברויט

di varenye
די וואַרעניע

di kave
די קאַווע

dos shpigl-ey
דאָס שפּיגלאיי

di smetene
די סמעטענע

di milkh
די מילך

di grayplekh
די גרייַפּלעך

der heyser shokolad
דער הייסער שאָקאָלאַד

der tsuker | דער צוקער

der honik
דער האָניק

di zalts
די זאַלץ

der fefer
דער פֿעפֿער

di tey | די טיי

der tshaynik
דער טשייַניק

di latkes | די לאַטקעס

di bulkelekh | די בולקעלעך

di vetshere | די ווועטשערע

di shinke | די שינקע

di zup | די זופּ

der fankukhn | דער פֿאַנקוכן

der salat | דער סאַלאַט

di es-shtekelekh
די עס-שטעקעלעך

der hamburger
דער האַמבורגער

dos hindlfleysh
דאָס הינדלפֿלייש

di rayz
די רײַז

di zuze | די זוזע

di spageti | די ספּאַגעטי

di kartofl-kashe | די קאַרטאָפֿל-קאַשע

di pitse | די פּיצע

di fritlekh | די פֿריטלעך

der desert | דער דעסערט

ikh | איך

di brem | די ברעם

dos oyg | דאָס אויג

di noz | די נאָז

di bak | די באַק

dos moyl | דאָס מויל

di lipn | די ליפּן

der tson | דער צאָן

di tsung | די צונג

di gombe | די גאָמבע

di oyern | די אויערן

der haldz | דער האַלדז

di akslen | די אַקסלען

di brust | די ברוסט

di pleytse | די פּלייצע

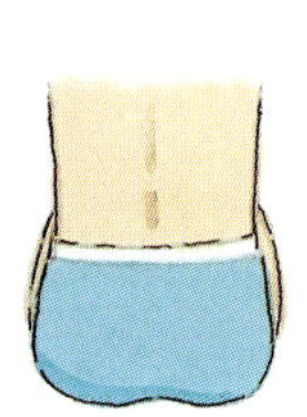
der hintn | דער הינטן

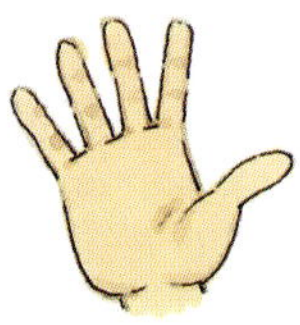
di hant | די האַנט

der grober finger
דער גראָבער פֿינגער

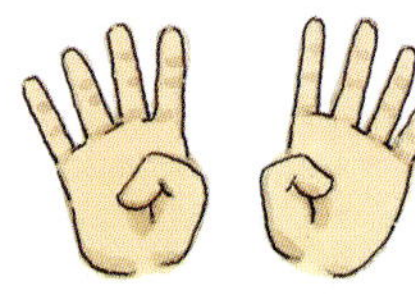
di finger | די פֿינגער

di kleyder | די קליידער

di zokn | די זאָקן

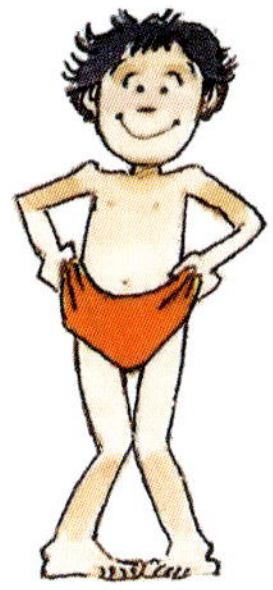
di gatkes | די גאַטקעס

dos unterhemd
דאָס אונטערהעמד

di hoyzn | די הויזן

di dzhins | די דזשינס

dos ti-hemd
דאָס טי־העמד

di yupe | די יופּע

dos hemd | דאָס העמד

der kravat
דער קראַוואַט

di kurtskes | די קורצקעס

der zokn-triko
דער זאָקן־טריקאָ

dos kleyd | דאָס קלייד

der pulover
דער פּולאָווער

der sveter | דער סוועטער

der kardigan
דער קאַרדיגאַן

der shal | דער שאַל

dos noztikhl | דאָס נאָזטיכל

di sportshikh
די ספּאָרטשיך

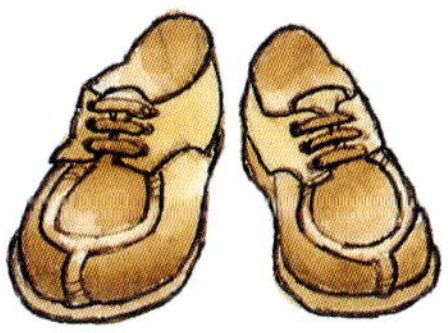
di shikh | די שיך

di sandaln
די סאַנדאַלן

di shtivl
די שטיוול

di hentshkes
די הענטשקעס

di keshenes
די קעשענעס

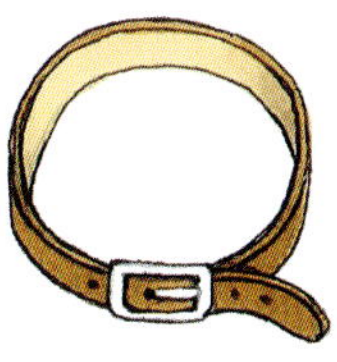
der gartl
דער גאַרטל

der shnol
דער שנאָל

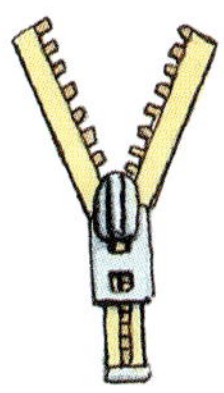
dos blitsshlesl
דאָס בליצשלעסל

di shnurevadle
די שנורעוואַדלע

di knep | די קנעפּ

di knepllekher
די קנעפּללעכער

der mantl
דער מאַנטל

dos rekl | דאָס רעקל

dos hitl
דאָס היטל

der hut | דער הוט

di mentshn
די מענטשן

der aktyor | דער אַקטיאָר

di aktrise | די אַקטריסע

der kukher | דער קוכער

der tentser
דער טענצער

di tentsern | די טענצערין

di zingern | די זינגערין

der zinger | דער זינגער

der astronoyt | דער אַסטראָנויט

der katsev | דער קצבֿ

der politsyant
דער פּאָליציאַנט

di politsyantke
די פּאָליציאַנטקע

der stolyer
דער סטאָליער

der fayer-lesher | דער פֿײַער־לעשער

di kinstlern | די קינסטלערין

der rikhter | דער ריכטער

der mekhaniker
דער מעכאַניקער

di mekhanikern
די מעכאַניקערין

der frizirer | דער פֿריזירער

di mase-oyto-shofershe
די משׂא־אויטאָ־שאָפֿערשע

der oytobus-shofer
דער אויטאָבוס־שאָפֿער

di dentistke | די דענטיסטקע

der tunker | דער טונקער

der kelner
דער קעלנער

di kelnern
די קעלנערין

der brivtreger
דער בריווטרעגער

der moler
דער מאָלער

di bekerke
די בעקערקע

di mishpokhe
די משפּחה

der zun / der bruder
דער זון / דער ברודער

di tokhter / di shvester
די טאָכטער / די שוועסטער

di muter / dos vayb
די מוטער / דאָס ווײַב

der foter / der man
דער פֿאָטער / דער מאַן

di mume
די מומע

der feter
דער פֿעטער

der kuzin | דער קוזין

der zeyde | דער זיידע

di bobe | די באָבע

di shtub-khaye | די שטוב־חיה

di tuungen | די טוּונגען

lakhn | לאַכן

shmeykhlen | שמייכלען

veynen | וויינען

trakhtn | טראַכטן

tsuhern zikh
צוהערן זיך

khapn | כאַפּן

varfn | וואַרפֿן

tsebrekhn
צעברעכן

moln | מאָלן

shraybn | שרײַבן

hakn | האַקן

shnaydn | שנײַדן

esn | עסן

shmuesn | שמועסן

grobn | גראָבן

trogn | טראָגן

trinken | טרינקען

makhn | מאַכן

shpringen
שפּרינגען

tantsn | טאַנצן

vashn | וואַשן

shtrikn | שטריקן

krikhn | קריכן

shpiln | שפּילן

kukn | קוקן

kletern | קלעטערן

nemen | נעמען

hopken | האָפּקען

shlogn zikh
שלאָגן זיך

shlofn | שלאָפֿן

neyen | נייען

vartn | וואַרטן

bahaltn zikh
באַהאַלטן זיך

kokhn | קאָכן

leyenen | לייענען

koyfn | קויפֿן

shtupn | שטופּן

zingen | זינגען

kern | קערן

raysn | רײַסן

blozn | בלאָזן

tsien | ציִען

faln | פֿאַלן

geyn | גיין

loyfn | לויפֿן

zitsn | זיצן

di antonimen
די אַנטאָנימען

gut | גוט

shlekht | שלעכט

vayt | ווײַט

noent | נאָענט

kalt | קאַלט

heys | הייס

nas | נאַס

trukn | טרוקן

dos eybershte | דאָס אייבערשטע

dos untershte | דאָס אונטערשטע

brudik
ברודיק

reyn | ריין

iber | איבער

unter | אונטער

dik | דיק

din | דין

ofn | אָפֿן

farmakht
פֿאַרמאַכט

kleyn | קליין

groys | גרויס

veynik | ווייניק

a sakh | אַ סך

der ershter | דער ערשטער

der letster | דער לעצטער

links | לינקס

in droysn | אין דרויסן

ineveynik
אינעווייניק

gring | גרינג

shver | שווער

leydik | ליידיק

ful | פֿול

veykh | ווייך

hart | האַרט

fun fornt
פֿון פֿאָרנט

hoykh | הויך

pavolye | פּאַוואָליע

gikh | גיך

fun hintn
פֿון הינטן

niderik | נידעריק

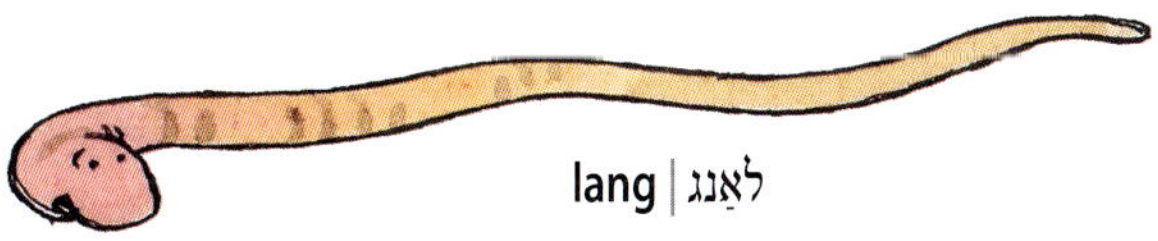
lang | לאַנג

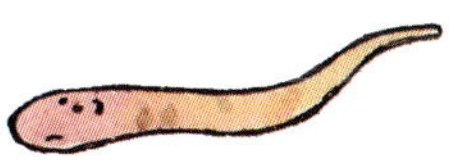
kurts | קורץ

toyt | טויט

lebedik | לעבעדיק

tunkl | טונקל

hel | העל

alt | אַלט

oybn | אויבן

untn | אונטן

nay | נײַ

rekhts | רעכטס

di teg | די טעג

der frimorgn | דער פֿרימאָרגן

der ovnt | דער אָוונט

di nakht | די נאַכט

di yontevdike teg
די יום־טובֿדיקע טעג

dos veter
דאָס וועטער

der regn-shirem
דער רעגן־שירעם

der regn | דער רעגן

der blits | דער בליץ

der nepl | דער נעפל

di zun | די זון

di volkns | די וואָלקנס

der himl | דער הימל

der shney | דער שניי

der toy | דער טוי

der vint | דער ווינט

der tuman | דער טומאַן

der frost | דער פֿראָסט

der regn-boygn
דער רעגן־בויגן

di sezonen | די סעזאָנען

der friling | דער פֿרילינג

der zumer | דער זומער

der harbst | דער האַרבסט

der vinter | דער ווינטער

di shtub-khayes
די שטוב־חיות

der sport
דער ספּאָרט

dos fayln-boygeray
דאָס פֿײַלן־בויגערײַ
dos tsilbret
דאָס צילברעט
dos hengflien
דאָס הענגפֿליִען
dos loyflen | דאָס לויפֿלען
di kaske | די קאַסקע
der dzhudo
דער דזשודאָ
dos forn mit a rover
דאָס פֿאָרן מיט אַ ראָווער
dos kletern
דאָס קלעטערן
dos shenkl
דאָס שענקל
dos ferd
דאָס פֿערד
der poni
דער פּאָני
der fusbol | דער פוסבאָל
der garderob | דער גאַרדעראָב
dos raytn | דאָס רײַטן
der badminton
דער באַדמינטאָן
di glitshshikh
די גליטששיך
der ping-pong | דער פּינג־פּאָנג
dos glitshn zikh oyfn ayz
דאָס גליטשן זיך אויפֿן אײַז
der skishtekn
דער סקישטעקן
di heybshtul
די הייבשטול
der ski
דער סקי
dos nartlen zikh
דאָס נאַרטלען זיך
der sumo-rangl | דער סומאָ־ראַנגל

di kolirn
די קאָלירן

oranzh | אָראַנזש

grin | גרין

shvarts | שוואַרץ

gro | גראָ

royt | רויט

broyn | ברוין

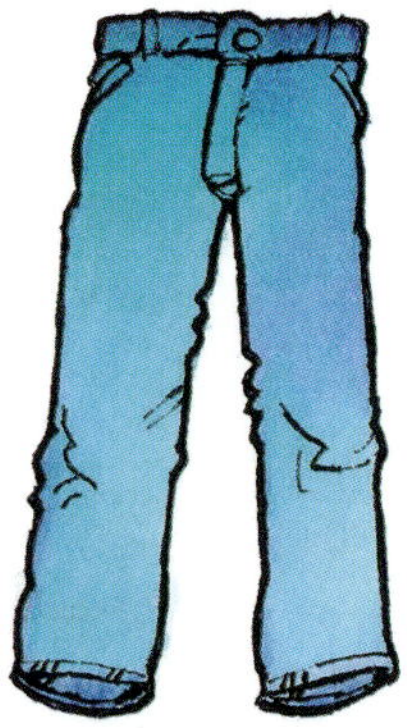

vays | ווײַס

bloy | בלוי

rozeve | ראָזעווע

vyolet | וויאָלעט

gel | געל

di formen | די פֿאָרמען

der grodek | דער גראָדעק

der krayz | דער קרײַז

der romb | דער ראָמב

der konus | דער קאָנוס

der shtern | דער שטערן

der kub | דער קוב

der oval | דער אָוואַל

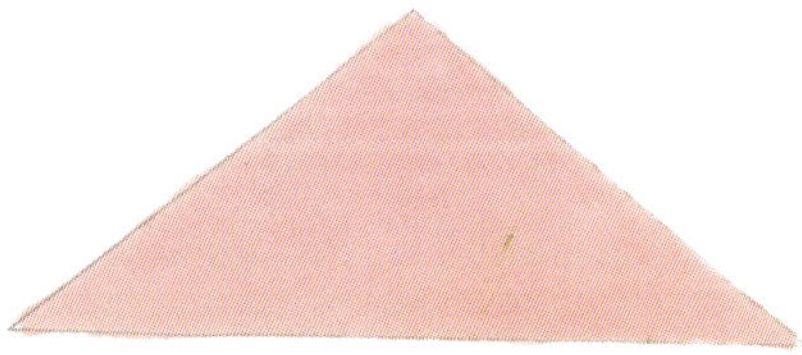

der drayek | דער דרײַעק

der kvadrat | דער קוואַדראַט

di halbe levone | די האַלבע לבֿנה

di tsoln | די צאָלן

1 eyns | איינס
2 tsvey | צוויי
3 dray | דרײַ
4 fir | פֿיר
5 finf | פֿינף
6 zeks | זעקס
7 zibn | זיבן
8 akht | אַכט
9 nayn | נײַן
10 tsen | צען
11 elf | עלף
12 tsvelf | צוועלף
13 draytsn | דרײַצן
14 fertsn | פֿערצן
15 fuftsn | פֿופֿצן
16 zekhtsn | זעכצן
17 zibetsn | זיבעצן
18 akhtsn | אַכצן
19 nayntsn | נײַנצן
20 tsvantsik | צוואַנציק

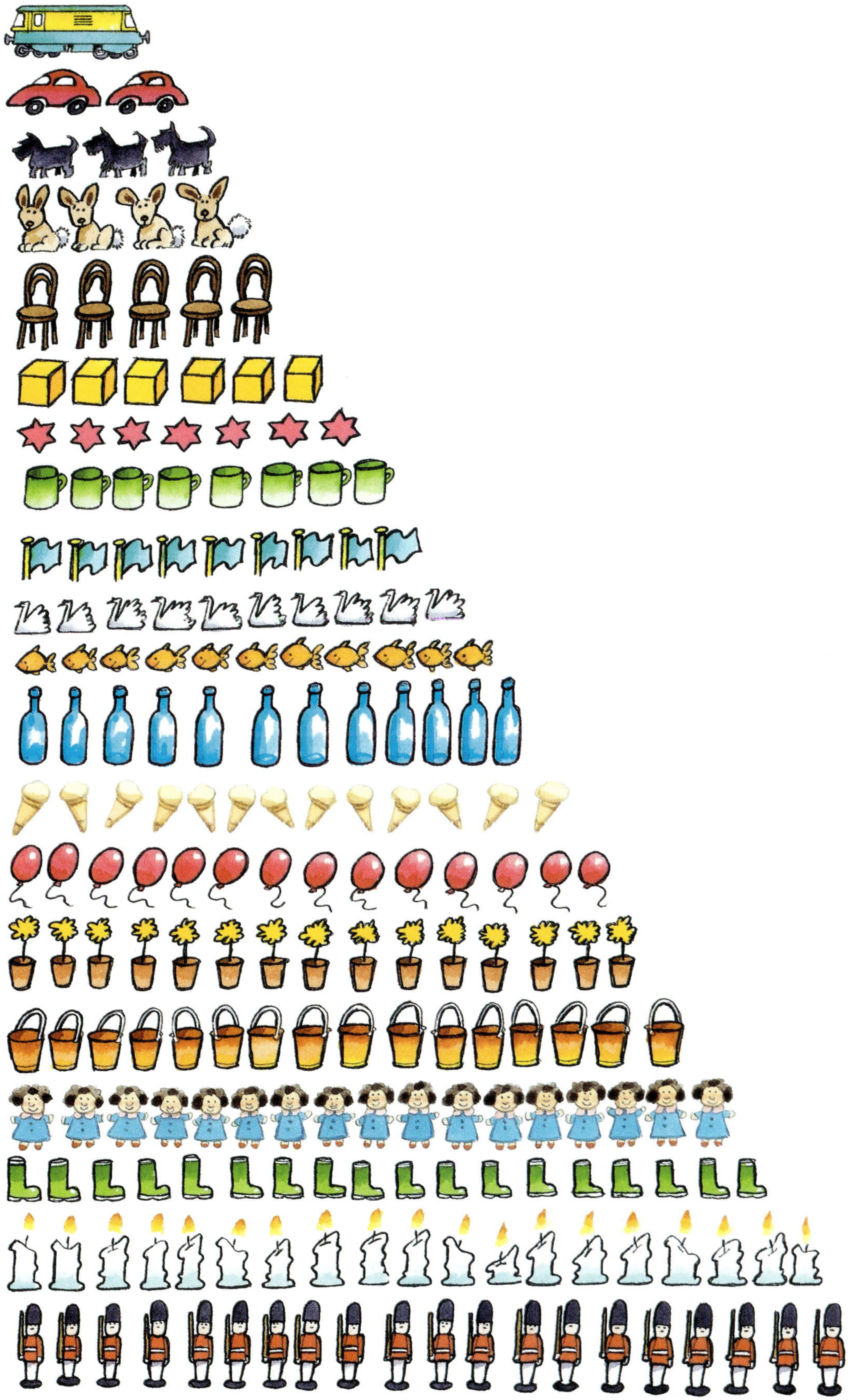

der yarid | דער יאַריד

di riznrod | די ריזנראָד

di karuzele | די קאַרוזעלע

di tsuker-vate | די צוקער־וואַטע

di sheydim-ban | די שדים־באַן

di kokoshes
די קאָקאָשעס

di turem-glitshlke
די טורעם־גליטשלקע

di mate | די מאַטע

di onshtoys-oytos
די אָנשטויס־אויטאָס

dos varfn ringen
דאָס וואַרפֿן רינגען

di barg-un-tol-ban | די באַרג־און־טאָל־באַן

der tsirk
דער צירק

Alfabetishe liste | אַלפֿאַבעטישע ליסטע

Ot iz a liste fun ale verter, ayngeordnt loytn lataynishn alfabet. Di tsoln vayzn on oyf velkhn zaytl es gefinen zikh dos vort un dos bild.

אָט איז אַ ליסטע פֿון אַלע ווערטער, אײַנגעאָרדנט לויטן לאַטײַנישן אַלפֿאַבעט. די צאָלן ווײַזן אָן אויף וועלכן זײַטל עס געפֿינען זיך דאָס וואָרט און דאָס בילד.

Yidishe verter

a sakh | אַ סך 44
aeroplan | אַעראָפּלאַן 21
aker | אַקער 25
akht | אַכט 53
akhtsn | אַכצן 53
akrobatn | אַקראָבאַטן 55
akslen | אַקסלען 38
aktrise | אַקטריסע 40
aktyor | אַקטיאָר 40
akvaryum | אַקוואַריום 29
alef-beys | אַלף־בית 29
alt | אַלט 45
ambulans | אַמבולאַנס 12
amerikaner futbol | אַמעריקאַנער פֿוטבאָל 50
ananas | אַנאַנאַס 35
antonimen | אַנטאָנימען 44
aprikos | אַפּריקאָס 34
arbes | אַרבעס 34
astronoyt | אַסטראָנויט 40
astronoytn | אַסטראָנויטן 15
aynkoyf-baytl | אײַנקויף־בײַטל 34
aynkoyf-vegele | אײַנקויף־וועגעלע 35
ayz | אײַז 51
ayzbarg | אײַזבאַרג 18
ayzkrem | אײַזקרעם 16

badminton | באַדמינטאָן 51
bagazhnik | באַגאַזשניק 21
bahaltn zikh | באַהאַלטן זיך 43
bak | באַק 38
balansir-shtrik | באַלאַנסיר־שטריק 55
balem | באַלעם 17, 50
ban | באַן 23
banane | באַנאַנע 31
bandazh | באַנדאַזש 30
banfirer | באַנפֿירער 20
bank | באַנק 16
banstantsye | באַנסטאַנציע 20
barg | באַרג 22
barg-un-tol-ban | באַרג־און־טאָל־באַן 54
barne | באַרנע 31
barsht | באַרשט 7
barsuk | באַרסוק 22
barzhe | באַרזשע 23
bashpritser | באַשפּריצער 8
baterye | באַטעריע 20
bekerke | בעקערקע 41
bekn | בעקן 4
benzin | בענזין 21
benzin-pompe | בענזין־פּאָמפּע 21
benzin-stantsye | בענזין־סטאַנציע 20
ber | בער 18
berele | בערעלע 33
bergl | בערגל 23
bet | בעט 4
beymer | ביימער 17
beyn | ביין 9
beysbol | בייסבאָל 50
bezem | בעזעם 7
biber | ביבער 19
bik | ביק 24
bikher | ביכער 28
biklekh | ביקלעך 15
bilder | בילדער 5
biletn-oytomat | בילעטן־אויטאָמאַט 20
bin | בין 9
binshtok | בינשטאָק 8
biskvit | ביסקוויט 33
blayer | בלײַער 28
bleter | בלעטער 9
blits | בליץ 48
blitsshlesl | בליצשלעסל 39
blote | בלאָטע 24
bloy | בלוי 52
blozn | בלאָזן 43
blumen | בלומען 8
blumenbeyt | בלומענבייט 17
bobe | באָבע 41
bobes | באָבעס 35
bodkostyum | באָדקאָסטיום 27
bodtsimer | באָדצימער 4
boltsn | באָלצן 11
boyer | בויער 10
boygn | בויגן 15
boykh | בויך 38
boym | בוים 9
brem | ברעם 38
bret | ברעט 10
brik | בריק 23
briln |ברילן 32
briv | בריוו 5
brivtreger | בריווטרעגער 41
broske | בראָסקע 23
broyn | ברוין 52
broyt | ברויט 33
bruder | ברודער 41
brudik | ברודיק 44
brust | ברוסט 38
bude | בודע 49
bufern | בופֿערן 20
bulkelekh | בולקעלעך 36

dakh | דאַך 12
damfvalts | דאַמפֿוואַלץ 15
delfin | דעלפֿין 18
dentistke | דענטיסטקע 41
desert | דעסערט 37
de-ve-de | דע־ווע־דע 4
dik | דיק 44
din | דין 44
dinstik | דינסטיק 46
dires | דירות 13
dokter | דאָקטער 31
doktershe | דאָקטערשע 30
donershtik | דאָנערשטיק 46
dorf | דאָרף 23
dray | דרײַ 53
drayek | דרײַעק 52
drayrod | דרײַראָד 17
draytsn | דרײַצן 53
dzhins | דזשינס 39
dzhudo | דזשודאָ 51

elf | עלף 53
elnboygn | עלנבויגן 38
emer | עמער 26
epl | עפּל 30
erd | ערד 17
ershter | ערשטער 44
esn | עסן 42
esnvarg | עסנוואַרג 36
es-shtekelekh | עס־שטעקעלעך 37
eybershte | אייבערשטע 44
eyer | אייער 35
eyfele | עופֿעלע 17
eyl | אייל 21
eyns | איינס 53
eyzl | אייזל 25

fabrik | פֿאַבריק 13
faln | פֿאַלן 43
fankukhn | פֿאַנקוכן 37
farbkestl | פֿאַרבקעסטל 15
farbn | פֿאַרבן 28
farbntepl | פֿאַרבנטעפּל 11
farmakht | פֿאַרמאַכט 44
farmhoyz | פֿאַרמהויז 25
fartekh | פֿאַרטעך 6
fas | פֿאַס 11
fayer | פֿײַער 9
fayer-lesher | פֿײַער־לעשער 40
fayerverk | פֿײַערווערק 32
fayfl | פֿײַפֿל 14
fayl | פֿײַל 11
fayln | פֿײַלן 14
fayln-boygeray | פֿײַלן־בויגערײַ 51
federn | פֿעדערן 18
fefer | פֿעפֿער 36
feld | פֿעלד 25
feldz | פֿעלדז 27
feldzn | פֿעלדזן 23
fentster | פֿענצטער 32
ferd | פֿערד 25, 25
fershke | פֿערשקע 34
fertsn | פֿערצן 53
feter | פֿעטער 41
feygl | פֿייגל 17
fikselekh | פֿיקסעלעך 23
filtspenen | פֿילצפּענען 28
finf | פֿינף 53
finger | פֿינגער 38
fir | פֿיר 53
firhoyz | פֿירהויז 5
fish | פֿיש 27
fisher | פֿישער 23
fishershifl | פֿישערשיפֿל 27
fishfang | פֿישפֿאַנג 50
flants | פֿלאַנץ 29
flaster | פֿלאַסטער 31
flaterl | פֿלאַטערל 22

fledermoyz | פֿלעדערמויז 18
flesher | פֿלעשער 35
fleysh | פֿלייש 35
fleytl | פֿלייטל 14
flig | פֿליג 11
fligl | פֿליגל 18
fliplats | פֿליפּלאַץ 21
flishlang | פֿלישלאַנג 16
floym | פֿלוים 35
folvark | פֿאָלוואַרק 24
fon | פֿאָן 26
fonarn | פֿאָנאַרן 20
forhang | פֿאָרהאַנג 30
formen | פֿאָרמען 52
forn mit a rover | פֿאָרן מיט אַ ראָווער 51
forsignal | פֿאָרסיגנאַל 13
foter | פֿאָטער 41
foto-aparat | פֿאָטאָ־אַפּאַראַט 14, 47
fotografist | פֿאָטאָגראַפֿיסט 47
fotografyes | פֿאָטאָגראַפֿיעס 28
fraytik | פֿרײַטיק 46
fridzhider | פֿרידזשידער 6
friling | פֿרילינג 48
frimorgn | פֿרימאָרגן 46
frishtik | פֿרישטיק 36
fritlekh | פֿריטלעך 37
frizirer | פֿריזירער 41
frost | פֿראָסט 48
froy | פֿרוי 13
frukhtn | פֿרוכטן 5, 34
fuftsn | פֿופֿצן 53
fuks | פֿוקס 22
ful | פֿול 45
fun fornt | פֿון פֿאָרנט 45
fun hintn | פֿון הינטן 45
fus | פֿוס 38
fusbol | פֿוסבאָל 51
fusfinger | פֿוספֿינגער 38

garderob | גאַרדעראָב 51
gartl | גאַרטל 39
gas | גאַס 12
gatkes | גאַטקעס 39
geboyrn-tog | געבוירן־טאָג 47
geboyrn-tog-tort | געבוירן־טאָג־טאָרט 47
gefiter | געפֿיטער 49
gekokhte ey | געקאָכטע איי 36
gel | געל 52
gelt | געלט 35
geltbaytl | געלטבײַטל 35
geltpushke | געלטפּושקע 15
gendz | גענדז 24
geshank | געשאַנק 32
gest | געסט 47
getsayg-kestl | געצײַג־קעסטל 10
getseltn | געצעלטן 23
geyn | גיין 43
gikh | גיך 45
gimnastik | גימנאַסטיק 50
gips | גיפּס 30
girlande | גירלאַנדע 32
giserl | גיסערל 8
gitare | גיטאַרע 14
glezer | גלעזער 6
glitshlke | גליטשלקע 16
glitshn zikh oyf a shneybretl | גליטשן זיך אויף אַ שנייברעטל 50
glitshn zikh oyfn ayz | גליטשן זיך אויפֿן אײַז 51
glitshshikh | גליטששיך 51
globus | גלאָבוס 29
glozpapir | גלאָזפּאַפּיר 10
goldfish | גאָלדפֿיש 49
gombe | גאָמבע 38
goplen | גאָפּלען 6
gorile | גאָרילע 18
gortn | גאָרטן 8
grablye | גראַבליע 9
grayplekh | גרײַפּלעך 36
greypfrukht | גרייפּפֿרוכט 34
grilbroyt | גרילברויט 36
grin | גרין 52
gring | גרינג 45
grinsn | גרינסן 9, 34
gro | גראָ 52
grober finger | גראָבער פֿינגער 38
grobn | גראָבן 42
grodek | גראָדעק 52
groys | גרויס 44
groz | גראָז 9
grozshnayder | גראָזשנײַדער 9
gume-meker | גומע־מעקער 28
gumereyf | גומערייף 21
gut | גוט 44

hak | האַק 11
hakn | האַקן 42
halbe levone | האַלבע לבֿנה 52
haldz | האַלדז 38
haldzband | האַלדזבאַנד 14
hamburger | האַמבורגער 37
hamer | האַמער 11
hamster | האַמסטער 49
hant | האַנט 38
hantbaytl | האַנטבײַטל 35
hantekh | האַנטעך 4
harbst | האַרבסט 48
harmoshke | האַרמאָשקע 14
hart | האַרט 45
hayfish | הײַפֿיש 19
heft | העפֿט 29
hel | העל 45
helfand | העלפֿאַנד 19
helikopter | העליקאָפּטער 21
hemd | העמד 39
henger | הענגער 5
hengflien | הענגפֿליִען 51
hentshkes | הענטשקעס 39
herner | הערנער 19
hey | היי 25
heybkran | הייבקראַן 15
heyboydem | הייבוידעם 24
heybshtul | הייבשטול 51
heygopl | הייגאָפּל 9
heys | הייס 44
heyser shokolad | הייסער שאָקאָלאַד 36
hilke | הילקע 50
himl | הימל 48
hindelekh | הינדעלעך 24
hindlfleysh | הינדלפֿלייש 37
hiner | הינער 25
hinershtal | הינערשטאַל 24
hintele | הינטעלע 49
hintn | הינטן 38
hipopotam | היפּאָפּאָטאַם 18
hirsh | הירש 19
hitl | היטל 39
holts | האָלץ 11
hon | האָן 24
honik | האָניק 36
hopken | האָפּקען 43
hor | האָר 38
horbershtl | האָרבערשטל 5
hotel | האָטעל 12
hoydlkes | הוידלקעס 16
hoykh | הויך 45
hoyz | הויז 13
hoyzn | הויזן 39
hubl | הובל 11
hublinkes | הובלינקעס 10
hunt | הונט 16, 49, 55
hut | הוט 30

iber | איבער 44
ikh | איך 38
in der heym | אין דער היים 4
in droysn | אין דרויסן 45
indikes | אינדיקעס 25
indzl | אינדזל 26
ineveynik | אינעווייניק 45

kafe | קאַפֿע 12
kakhlen | קאַכלען 7
kalb | קאַלב 25
kale | כּלה 47
kalendar | קאַלענדאַר 10, 46
kalifyor | קאַליפֿיאָר 34
kalt | קאַלט 44
kaluzhe | קאַלוזשע 17
kamod | קאַמאָד 5
kanal | קאַנאַל 23
kanarik | קאַנאַריק 49
kanu | קאַנו 27
kapelye | קאַפּעליע 55
karate | קאַראַטע 50
karavan | קאַראַוואַן 23
kardigan | קאַרדיגאַן 39
karsh | קאַרש 33
kartl tsum geboyrn-tog | קאַרטל צום געבוירן־טאָג 47
kartlekh | קאַרטלעך 31
kartofl-kashe | קאַרטאָפֿל־קאַשע 37
kartoflyes | קאַרטאָפֿליעס 35
karuzele | קאַרוזעלע 54
kase | קאַסע 35
kaske | קאַסקע 51
kats | קאַץ 49
katsev | קצבֿ 40
katshkelekh | קאַטשקעלעך 17
katshkes | קאַטשקעס 17
kave | קאַווע 36
kelner | קעלנער 41
kelnern | קעלנערין 41
kelnye | קעלניע 9
keml | קעמל 5, 19
kenguru | קענגורו 18
kern | קערן 43
keshenes | קעשענעס 39
kestl | קעסטל 29
ketsl | קעצל 49
kez | קעז 33
kezn | קעזן 34
khapn | כאַפּן 42
khasene-tog | חתונה־טאָג 47
khayes | חיות 18
khazer-shtal | חזיר־שטאַל 24
khazeyrim | חזירים 25
khazeyrimlekh | חזירימלעך 25
khosn | חתן 47
khvalyes | כוואַליעס 27
kikh | קיך 6
kinder | קינדער 17
kinder-vegele | קינדער־וועגעלע 9, 17
kino | קינאָ 13
kinstlern | קינסטלערין 40
kirbes | קירבעס 35
kishke | קישקע 9
kishn | קישן 4, 31
kletern | קלעטערן 43, 51
kletser | קלעצער 23
kletslekh | קלעצלעך 14
kley | קליי 28
kleyd | קלייד 39
kleyder | קליידער 39
kleydershank | קליידערשאַנק 5
kleyn | קליין 44
klozet | קלאָזעט 4
klozet-papir | קלאָזעט־פּאַפּיר 4
klyamke | קליאַמקע 29
knep | קנעפּ 39

knepllekher | קנעפּללעכער 39
kni | קני 38
kokhn | קאָכן 43
kokhplite | קאָכפּליטע 7
kokoshes | קאָקאָשעס 54
kolirn | קאָלירן 52
komiksbikhl | קאָמיקסביכל 31
kompyuter | קאָמפּיוטער 31
konduktor | קאָנדוקטאָר 20
konservn | קאָנסערוון 35
kontrol-turem | קאָנטראָל־טורעם 21
konus | קאָנוס 52
kop | קאָפּ 38
kopeklekh | קאָפּעקלעך 16
kortn | קאָרטן 15
kosmos | קאָסמאָס 46
kosmosshif | קאָסמאָסשיף 46
kostyum | קאָסטיום 33
koyfn | קויפֿן 43
koymen | קוימען 12
koysh | קויש 31, 35, 49
koyshbol | קוישבאָל 50
kran | קראַן 4
kravat | קראַוואַט 39
krayd | קרײַד 28
kraydlekh | קרײַדלעך 29
krayz | קרײַז 52
kreln | קרעלן 14
kret | קרעט 23
kriket | קריקעט 50
krikhn | קריכן 42
krokodil | קראָקאָדיל 18
krolik | קראָליק 49, 55
krom | קראָם 12, 34
kroyt | קרויט 34
ku | קו 25
kub | קוב 52
kukher | קוכער 40
kukhn | קוכן 32
kukn | קוקן 43
kulyes | קוליעס 30
kunts-bitsiklist | קונץ־ביציקליסט 55
kuntsraytern | קונצרײַטערין 55
kurts | קורץ 45
kurtskes | קורצקעס 39
kushtal | קושטאַל 25
kust | קוסט 16
kuzin | קוזין 41
kvadrat | קוואַדראַט 52

lakhn | לאַכן 42
lamtern | לאַמטערן 13
land | לאַנד 22
lang | לאַנג 45
langekiker popugay | לאַנגעקיקער פּאָפּוגײַ 49
lapes | לאַפּעס 18
latkes | לאַטקעס 36
laykhtturem | לײַכטטורעם 26
laylekh | לײַלעך 5
lebedik | לעבעדיק 45
lebediker ployt | לעבעדיקער פּלויט 9
lefelekh | לעפֿעלעך 6
lefl | לעפֿל 7
lemer | לעמער 24
lempert | לעמפּערט 19
lempl | לעמפּל 33
lente | לענטע 32
lerern | לערערין 29
leshoyto | לעשאויטאָ 13
letster | לעצטער 44
levone | לבֿנה 46
leyb | לייב 18
leybelekh | לייבעלעך 18
leydik | ליידיק 45
leyenen | לייענען 43
leym | ליים 28
leyter | לייטער 10
ligshtul | ליגשטול 27
likht | ליכט 47
likhtl | ליכטל 32
links | לינקס 44
lipn | ליפּן 38
lokerl | לאָקערל 50
lokh | לאָך 12
lokomotiv | לאָקאָמאָטיוו 20
lomp | לאָמפּ 5, 29
loyffarmest | לויפֿפֿאַרמעסט 50
loyflen | לויפֿלען 51
loyfn | לויפֿן 43
luftbalon | לופֿטבאַלאָן 22, 32
lyalkehoyz | ליאַלקעהויז 14
lyalkes | ליאַלקעס 14

makhn | מאַכן 42
makhn a nurke | מאַכן אַ נורקע 50
maline | מאַלינע 33
malpe | מאַלפּע 18
man | מאַן 12, 41
mandarinke | מאַנדאַרינקע 33
mantl | מאַנטל 39
mape | מאַפּע 29
marants | מאַראַנץ 31
mark | מאַרק 13
maryonetkes | מאַריאָנעטקעס 15
mase-fur | משׂא־פֿור 13
mase-oyto | משׂא־אויטאָ 13
mase-oyto-shofershe | משׂא־אויטאָ־שאָפֿערשע 41
maskes | מאַסקעס 15
mate | מאַטע 54
matone | מתּנה 47
matros | מאַטראָס 26
medikament | מעדיקאַמענט 30
mekhaniker | מעכאַניקער 40
mekhanikern | מעכאַניקערין 40
mel | מעל 35
melon | מעלאָן 34
mentshn | מענטשן 40
meserl | מעסערל 10
mesers | מעסערס 7
mesibe | מסיבה 32
mesttashme | מעסטטאַשמע 11
meve | מעווע 26
meydl | מיידל 29
meyer | מייער 34
milkh | מילך 36, 49
mishpokhe | משפּחה 41
mist | מיסט 6
mistkastn | מיסטקאַסטן 8
mitog | מיטאָג 36
mitvokh | מיטוואָך 46
mol | מאָל 23
molbret | מאָלברעט 29
moler | מאָלער 41
moln | מאָלן 42
montik | מאָנטיק 46
motor | מאָטאָר 20
motor-bitsikl | מאָטאָר־ביציקל 13
motordek | מאָטאָרדעק 21
motorshifl | מאָטאָרשיפֿל 26
moyl | מויל 38
moyshe-rabeynes kiele | משה־רבנוס קיִעלע 8
moyz | מויז 49
mume | מומע 41
mushke | מושקע 55
mushl | מושל 26
muter | מוטער 41
muterkes | מוטערקעס 11
muter-shlisl | מוטער־שליסל 21

nafttanker | נאַפֿטטאַנקער 27
nakht | נאַכט 46
nakhthemd | נאַכטהעמד 31
nartlen zikh | נאַרטלען זיך 51
nas | נאַס 44
nay | נײַ 45
nayn | נײַן 53
nayntsn | נײַנצן 53
nemen | נעמען 43
nepl | נעפּל 48
nest | נעסט 9
nets | נעץ 27, 55
neyen | נייען 43
niderik | נידעריק 45
nitl | ניטל 47
nitlboym | ניטלבוים 47
noent | נאָענט 44
nokhforer | נאָכפֿאָרער 13
noz | נאָז 38
noz-horn | נאָזהאָרן 19
noztikhl | נאָזטיכל 39
nurke | נורקע 50

odler | אָדלער 18
ofn | אָפֿן 44
onshtoys-oytos | אָנשטויס־אויטאָס 54
opgos | אָפּגאָס 6
opklap-hamer | אָפּקלאַפּ־האַמער 12
optseykhn | אָפּצייכן 29
oranzh | אָראַנזש 52
oranzherye | אָראַנזשעריע 9
orem | אָרעם 38
oval | אָוואַל 52
ovnt | אָוונט 46
oybn | אויבן 45
oyern | אויערן 38
oyg | אויג 38
oysgrober | אויסגראָבער 12
oysshliser | אויסשליסער 6
oyto | אויטאָ 13
oytobus | אויטאָבוס 12
oytobus-shofer | אויטאָבוס־שאָפֿער 41
oyto-vesheray | אויטאָ־וועשערײַ 21
ozere | אָזערע 16

pande | פּאַנדע 18
pantofl | פּאַנטאָפֿל 31
papir | פּאַפּיר 29
papirkoysh | פּאַפּירקויש 29
papir-tikhlekh | פּאַפּיר־טיכלעך 31
parashut | פּאַראַשוט 15
parasolke | פּאַראַסאָלקע 26
park | פּאַרק 16
parkn | פּאַרקן 17
patelnye | פּאַטעלניע 7
pavolye | פּאַוואָליע 45
payats | פּאַיאַץ 55
pazl | פּאַזל 30
pelikan | פּעליקאַן 18
pen | פּען 28
pendzl | פּענדזל 29
perene | פּערענע 5
piknik | פּיקניק 16
piln | פּילן 30
pilot | פּילאָט 21
ping-pong | פּינג־פּאָנג 51
pingvin | פּינגווין 18
pitse | פּיצע 37
pizhame | פּיזשאַמע 31
planet | פּלאַנעט 46
platforme | פּלאַטפֿאָרמע 20
plazhe | פּלאַזשע 27
pleytse | פּלייצע 38
ployt | פּלויט 25
podloge | פּאָדלאָגע 29
politsey-oyto | פּאָליציי־אויטאָ 12
politsyant | פּאָליציאַנט 13, 40
politsyantke | פּאָליציאַנטקע 40
pomidor | פּאָמידאָר 34
ponem | פּנים 38
poni | פּאָני 51

popugay | פּאַפּוגײַ 49
pore-tsibele | פּאָרע־ציבעלע 34
poyer | פּויער 25
poykn | פּויקן 15
presayzn | פּרעסאײַזן 7
prestishl | פּרעסטישל 6
pulover | פּולאָווער 39
puter | פּוטער 33
pyane | פּיאַנע 15

radyator | ראַדיאַטאָר 5
radyo | ראַדיאָ 4
rak | ראַק 26
raket | ראַקעט 15
raketke | ראַקעטקע 50
raysn | רײַסן 43
raytn | רײַטן 51
rayz | רײַז 37
rayze | רײַזע 20
redlbret | רעדלברעט 17
redlshikh | רעדלשיך 16
redlshtul | רעדלשטול 30
regn | רעגן 48
regn-boygn | רעגן־בויגן 48
regn-shirem | רעגן־שירעם 48
rekhenen | רעכענען 28
rekhts | רעכטס 45
rekl | רעקל 39
relsn | רעלסן 20
renifer | רעניפֿער 47
rern | רערן 12
reyf | רייף 55
reyn |ריין 44
ridl | רידל 8, 26
rikhter | ריכטער 40
rimen | רימען 17
ring | רינג 14
ringen | רינגען 14
riznrod | ריזנראָד 54
robot | ראָבאָט 14
rod | ראָד 20
rogbi | ראָגבי 50
romb | ראָמב 52
rover | ראָווער 13, 51
roykh | רויך 9
royt | רויט 52
rozeve | ראָזעווע 52
ruder | רודער 26
ruderfis | רודערפֿיס 27
rudern | רודערן 50
rudershifl | רודערשיפֿל 27
rukzak | רוקזאַק 20

salami | סאַלאַמי 33
salat | סאַלאַט 34, 37
sandaln | סאַנדאַלן 39
sanitar | סאַניטאַר 30
santa-klaus | סאַנטאַ־קלאַוס 47
sape | סאַפּע 8
saray | סאַרײַ 8
sazhlke | סאַזשלקע 24
selerye | סעלעריע 34
sezonen | סעזאָנען 48
shabes | שבת 46
shal | שאַל 39
shank | שאַנק 7
shayer | שײַער 24
shayvele | שײַוועלע 7
shenkl | שענקל 51
sherl | שערל 28
sheydim-ban | שדים־באַן 54
shif | שיף 27
shifl | שיפֿל 15
shikh | שיך 39
shinke | שינקע 37
shis-galerye | שיס־גאַלעריע 54
shislen | שיסלען 7
shlang | שלאַנג 19
shlekht | שלעכט 44
shlepoyto | שלעפּאויטאָ 21
shleyerl | שלייערל 9
shlisl | שליסל 6
shlitn | שליטן 47
shlofn | שלאָפֿן 43
shlofrok | שלאָפֿראָק 30
shloftsimer | שלאָפֿצימער 5
shlogn zikh | שלאָגן זיך 43
shlos | שלאָס 14
shlyuz | שליוז 22
shmate | שמאַטע 7
shmeykhlen | שמייכלען 42
shminkkestl | שמינקקעסטל 15
shmuesn | שמועסן 42
shnaydn | שנײַדן 42
shnek | שנעק 8
shney | שניי 48
shneybretl | שנייברעטל 50
shnitke | שניטקע 33
shnobl | שנאָבל 49
shnol | שנאָל 39
shnuk | שנוק 19
shnur | שנור 17
shnurevadle | שנורעוואַדלע 39
shof | שאָף 25
shofhunt | שאָפֿהונט 24
shokolad | שאָקאָלאַד 32
shpigl | שפּיגל 5
shpigl-ey | שפּיגלאײ 36
shpilban | שפּילבאַן 14
shpilekhlekh | שפּילעכלעך 31
shpiln | שפּילן 43
shpilplats | שפּילפּלאַץ 12
shpiltsayg-gesheft | שפּילצײַג־געשעפֿט 14
shpilvarg | שפּילוואַרג 32
shpin | שפּין 11
shpinat | שפּינאַט 35
shpinvebs | שפּינוועבס 11
shpitol | שפּיטאָל 30
shpringen | שפּרינגען 42
shpringshtrik | שפּרינגשטריק 17
shpritser | שפּריצער 30
shraybn | שרײַבן 42
shraybtish | שרײַבטיש 28
shroyfn | שרויפֿן 10
shroyfn-tsier | שרויפֿן־ציער 10
shroyfshtik | שרויפֿשטיק 10
shtal | שטאַל 25
shtang | שטאַנג 55
shtayg | שטײַג 49
shteg | שטעג 9, 16
shtekhler | שטעכלער 22
shtekn | שטעקן 31
shtern | שטערן 46, 52
shteyndlekh | שטיינדלעך 27
shteyner | שטיינער 22
shtiftlekh | שטיפֿטלעך 11
shtivl | שטיוול 39
shtoybmashin | שטויבמאַשין 6
shtrik | שטריק 27
shtrikleyter | שטריקלייטער 55
shtrikn | שטריקן 42
shtriktentser | שטריקטענצער 55
shtroy | שטרוי 32
shtroybalns | שטרויבאַלנס 25
shtroys | שטרויס 18
shtub-khaye | שטוב־חיה 41
shtub-khayes | שטוב־חיות 49
shtul | שטול 5
shtupn | שטופּן 43
shuflod | שופֿלאָד 7
shul | שול 12, 28
shvanen | שוואַנען 17
shvarts | שוואַרץ 52
shvebelekh | שוועבעלעך 7
shver | שווער 45
shvester | שוועסטער 41
shvimbaseyn | שווימבאַסיין 50
shvimen | שווימען 50
shvom | שוואָם 4, 34
signaln | סיגנאַלן 20
skhoyre-ban | סחורה־באַן 20
ski | סקי 51
skishtekn | סקישטעקן 51
sloyes | סלויעס 11, 35
smetene | סמעטענע 36
sod | סאָד 25
sofe | סאָפֿע 4
soldatn | סאָלדאַטן 15
sove | סאָווע 23
spageti | ספּאַגעטי 37
sport | ספּאָרט 50
sportshikh | ספּאָרטשיך 39
startpas | סטאַרטפּאַס 21
statue | סטאַטוע 12
stelye | סטעליע 29
stolyer | סטאָליער 40
stoyg | סטויג 24
strashidle | סטראַשידלע 25
stsirke | סצירקע 7
stuard | סטואַרד 21
submarin | סובמאַרין 14
sumo-rangl | סומאָ־ראַנגל 51
sveter | סוועטער 39

taburetke | טאַבורעטקע 6
taksi | טאַקסי 13
tantsn | טאַנצן 42, 50
tats | טאַץ 30
tatshke | טאַטשקע 8
taykh | טײַך 22
taykhl | טײַכל 22
teg | טעג 46
telefon | טעלעפֿאָן 5
telers | טעלערס 7
teleskop | טעלעסקאָפּ 46
televizor | טעלעוויזאָר 5
tenis | טעניס 50
tentser | טענצער 40
tentsern | טענצערין 40
tep | טעפּ 6
tepekh | טעפּעך 4, 5
teplekh | טעפּלעך 7
termometer | טערמאָמעטער 30
tey | טיי 36
tiger | טיגער 19
ti hemd | טי־העמד 39
tir | טיר 6
tish | טיש 5
tishtekh | טישטעך 33
tokhter | טאָכטער 41
tovl | טאָוול 28
toy | טוי 48
toyb | טויב 8
toyer | טויער 16
toyt | טויט 45
trakhtn | טראַכטן 42
traktor | טראַקטאָר 24
trapez | טראַפּעז 55
trep | טרעפּ 5, 13
trinken | טרינקען 42
trogn | טראָגן 42
trotuar | טראָטואַר 12
trukn | טרוקן 44
trumeyt | טרומייט 14
truskafke | טרוסקאַפֿקע 33
tsaytung | צײַטונג 5
tsebrekhn | צעברעכן 42
tsen | צען 53
tseykhenung | צייכענונג 28
tseynbershtl | ציינבערשטל 4
tseynpaste | ציינפּאַסטע 4
tshaynik | טשײַניק 7, 36
tsherepakhe | טשערעפּאַכע 19
tshiplekh | טשיפּלעך 33
tshvekes | טשוועקעס 11

tsibele | ציבעלע 34
tsien | ציִען 43
tsig | ציג 19
tsigl | ציגל 8
tsilbret | צילברעט 51
tsilinder | צילינדער 55
tsirk | צירק 55
tsirk-direktor | צירק־דירעקטאָר 55
tsisterne-oyto | ציסטערנע־אויטאָ 21, 24
tsitrin | ציטרין 34
tsoln | צאָלן 53
tson | צאָן 38
tsuhern zikh | צוהערן זיך 42
tsuker | צוקער 36
tsukerl | צוקערל 32
tsuker-vate | צוקער־וואַטע 54
tsung | צונג 38
tsvantsik | צוואַנציק 53
tsvaygn | צווײַגן 9
tsvelf | צוועלף 53
tsvey | צוויי 53
tuman | טומאַן 48
tunel | טונעל 23
tunker | טונקער 41
tunkl | טונקל 45
turem-glitshlke | טורעם־גליטשלקע 54
tush | טוש 4
tuungen | טוונגען 42

ugerke | אוגערקע 34
unter | אונטער 44
unterfirern | אונטערפֿירערין 47
unterhemd | אונטערהעמד 39
untershte | אונטערשטע 44
untertetslekh | אונטערטעצלעך 7
untn | אונטן 45

vagon | וואַגאָן 20
vakatsye | וואַקאַציע 47
vald | וואַלד 22
valfish | וואַלפֿיש 19
valizke | וואַליזקע 20
valts | וואַלץ 13
vane | וואַנע 4
vant | וואַנט 29
varenye | וואַרעניע 36
varfn | וואַרפֿן 42
varfn ringen | וואַרפֿן רינגען 54
varshtat | וואַרשטאַט 10
vartn | וואַרטן 43
vartzal | וואַרטזאַל 31
vaser | וואַסער 4
vaserfal | וואַסערפֿאַל 23
vaserski | וואַסערסקי 26
vashmashin | וואַשמאַשין 7
vashn | וואַשן 42
vashproshik | וואַשפּראָשיק 6
vate | וואַטע 30
vayb | ווײַב 41
vayntroybn | ווײַנטרויבן 31
vays | ווײַס 52
vayser ber | ווײַסער בער 19
vayt | ווײַט 44
veg | וועג 22
vegele | וועגעלע 24
vegtseykhn | וועגצייכן 22
ventke | ווענטקע 50
verflekh | ווערפֿלעך 14
verkshtel | ווערקשטעל 11
vesp | וועספּ 8
veter | וועטער 48
veterinarshe | וועטערינאַרשע 49
vetshere | וועטשערע 37
vevrik | וועווריק 22
veydl | ווײדל 18
veykh | ווייך 45
veynen | וויינען 42
veynik | וויניק 44
vigbret | וויגברעט 17
vigferdl | וויגפֿערדל 15
vinde | ווינדע 30
vindl | ווינדל 31
vint | ווינט 48
vinter | ווינטער 48
vint-indleray | ווינט־אינדלערײַ 50
vintmil | ווינטמיל 22
vire | ווירע 28
vishbezem | ווישבעזעם 7
vizltir | וויזלטיר 19
vog | וואָג 35
volf | וואָלף 18
volkns | וואָלקנס 48
vorem | וואָרעם 8
voyntsimer | וווינצימער 4
vursht | ווורשט 33
vyolet | וויאָלעט 52
vyosle | וויאָסלע 27

yakhtshif | יאַכטשיף 17
yam | ים 26
yam-breg | ים־ברעג 26
yam-grozn | ים־גראָזן 27
yam-hunt | ים־הונט 19
yam-khazerl | ים־חזירל 49
yam-shtern | ים־שטערן 26
yarid | יאַריד 54
yashtsherke | יאַשטשערקע 22
yingl | ייִנגל 28
yogoyto | יאָגאויטאָ 15
yogurt | יאָגורט 35
yontevdike teg | יום־טובֿדיקע טעג 47
yupe | יופּע 39

zaft | זאַפֿט 33
zalts | זאַלץ 36
zamdkastn | זאַמדקאַסטן 16
zamdshlos | זאַמדשלאָס 26
zebre | זעברע 19
zebre-pasn | זעברע־פּאַסן 13
zeg | זעג 10
zegekhts | זעגעכץ 10
zegl | זעגל 50
zeglen | זעגלען 50
zeglshif | זעגלשיף 26
zekhtsn | זעכצן 53
zeks | זעקס 53
zeyde | זיידע 41
zeyf | זייף 4
zeyger | זייגער 6, 30
zhabe | זשאַבע 16
zhaluzye | זשאַלוזיע 29
zhiraf | זשיראַף 18
zhonglir | זשאָנגליר 55
zibetsn | זיבעצן 53
zibn | זיבן 53
zingen | זינגען 43
zinger | זינגער 40
zingern | זינגערין 40
zitsn | זיצן 43
zokn | זאָקן 39
zokn-triko | זאָקן־טריקאָ 39
zotl | זאָטל 25
zoymen | זוימען 8
zumer | זומער 48
zun (der) | זון 41
zun (di) | זון 46, 48
zunhut | זונהוט 27
zunkrem | זונקרעם 27
zuntik | זונטיק 46
zup | זופּ 37
zuze | זוזע 37

English Words

acrobats 55
activities 42
actor 40
actress 40
airplane 21
airport 21
alive 45
alphabet 29
ambulance 12
animals 18
apartment 13
apple 30
apricot 34
apron 6
aquarium 29
archery 51
arithmetic 28
arm 38
arrows 14
artist 40
astronaut 40
astronauts 15
at home 4
aunt 41
autumn 48
ax 11

baby 17
back 38, 45
backhoe 12
backpack 20
bad 44
badge 29
badger 22
badminton 51
bait 50
baker 41
ball 17, 50
balloon 32
banana 31
band 55
band-aid 31
bandage 30
bareback rider 55
barge 23
barn 24
barrel 11
baseball 50
basin 4
basket 31, 35, 49
basketball 50
bat 18, 50
bath 4
bathroom 4
battery 20
beach 27
beach chair 27
beads 14
beak 49
beans 35
bear 18
beaver 19
bed 4
bedroom 5
bedspread 5
bee 9
beehive 8
belt 39
bench 16
bicycle 13

big 44
birds 17
birthday 47
birthday cake 47
birthday card 47
black 52
blinds 29
blocks 14
blow 43
blue 52
board 28
boat 15
boiled egg 36
bolts 11
bone 9
books 28
boots 39
bottles 35
bottom 38, 44
bow 15
bowls 7
bow tie 55
box 29
boy 28
bread 33
break 42
breakfast 36
breakfast cereal 36
bricks 8
bride 47
bridegroom 47
bridesmaid 47
bridge 23
broom 7
brother 41
brown 52
brush 7
bucket 26
buckle 39
buffalo 19
buffers 20
bull 24
bumper cars 54
bus 12
bus driver 41
bush 16
butcher 40
butter 33
butterfly 22
button holes 39
buttons 39
buy 43

cabbage 34
café 12
cage 49
cake 32
calendar 10, 46
calf 25
camel 19
camera 14, 47
canal 23
canary 49
candle 32, 47
candy 32
cane 31
canned food 35
canoe 27
cap 39
car 13
cardigan 39
cards 31
carnival 54
carpenter 40
carpet 4
carrot 34
carry 42
cart 24
car wash 21
cast 30
castle 14
cat 49
catch 42
caterpillar 9
cauliflower 34
ceiling 29
celery 34
chair 5
chairlift 51
chalk 28
checkout 35
cheek 38
cheese 33, 34
chef 40
cherry 33
chest 38
chest of drawers 5
chicken 37
chicks 24
children 17
chimney 12
chin 38
chips 33
chocolate 32
chop 42
chopsticks 37
Christmas 47
Christmas tree 47
circle 52
circus 55
clay 28
clean 44
clementine 33
cliff 27
climb 43
climbing 51
clock 6
closed 44
clothes 39
clothes hook 5
clouds 48
clown 55
coast 26
coat 39
cobweb 11
coffee 36
coin purse 35
cold 44
colors 52
comb 5
comic book 31
computer 31
conductor 20
cone 52
control tower 21
cook 43
cookie 33
costume 33
cotton ball 30
cotton candy 54
country 22
cousin 41
cow 25
cow barn 25
crab 26
crane 15
crawl 42
crayons 29
cream 36
crescent 52
cricket 50
crocodile 18
crosswalk 13
crutches 30
cry 42
cube 52
cucumber 34
cupboard 7
cups 7
curtain 30
cushion 4
cut 42
cycling 51

dance 42, 50
dancer 40
dark 45
daughter 41
days 46
dead 45
deer 19
dentist 41
desk 28
dessert 37
dew 48
diamond 52
diaper 31
dice 14
difficult 45
dig 42
dinner 36, 37
dirt 17
dirty 44
diver 41
diving 50
dog 16, 49, 55
dog leash 17
doll house 14
dolls 14
dolphin 18
donkey 25
door 6
door handle 29
downstairs 45
drawer 7
drawing 28
dress 39
drill 10
drink 42
drums 15
dry 44
ducklings 17
ducks 17
dust cloth/rag 7
dustpan 7
DVD 4

eagle 18
ears 38
easel 29
easy 45
eat 42
eggs 35
eight 53
eighteen 53
elbow 38
elephant 19
eleven 53
empty 45
engine 20
engineer 20
eraser 28
evening 46
eye 38
eyebrow 38

face 38
face paint 15
factory 13
fall 43
families 41
far 44
farm 24
farmer 25
farmhouse 25
fast 45

fat 44
father 41
feathers 18
fence 25
ferris wheel 54
few 44
field 25
fifteen 53
fight 43
file 11
fingers 38
fire 9
fire engine 13
firefighter 40
fireworks 32
first 44
fish 27
fisherman 23
fishing 50
fishing boat 27
fishing rod 50
five 53
flag 26
flight attendant 21
flippers 27
floor 29
flour 35
flower bed 17
flowers 8
fly 11
fog 48
food 36, 49
foot 38
football 50
forest 22
forks 6
four 53
fourteen 53
fox 22
fox cubs 23
freight train 20
French fries 37
Friday 46
fridge 6
fried egg 36
frog 16
front 45
frost 48
fruit 5, 34
fruit juice 33
frying pan 7
full 45

garden 8
gas 21
gas pump 21
gas station 20
gate 16
geese 24
giraffe 18
girl 29
glasses 6, 32
globe 29
gloves 39
glue 28
goat 19
goldfish 49
good 44
gorilla 18
grandfather 41
grandmother 41
grapefruit 34
grapes 31
grass 9
green 52
greenhouse 9
grey 52
guests 47
guinea pig 49
guitar 14
gymnastics 50

hair 38
hairbrush 5
hairdresser 41
hall 5
ham 37
hamburger 37
hammer 11
hamster 49
hand 38
handkerchief 39
hang-gliding 51
hard 45
harmonica 14
hat 39
haunted house 54
hay 25
hayloft 24
haystack 24
head 38
headlights 20
hedge 9
helicopter 21
helmet 51
hen house 24
hens 25
hide 43
high 45
hill 23
hippopotamus 18
hobby horse 15
hoe 8
hole 12
holidays 47
honey 36
hood 21
hoop 55
horns 19
horse 25, 51
hose 9
hospital 30
hot 44
hot air balloon 22
hot chocolate 36
hotel 12
house 13
husband 41

iceberg 18
ice cream 16
ice skates 51
ice skating 51
in 45
iron 7
ironing board 6
island 26

jacket 39
jackhammer 12
jars 11, 35
jeans 39
jelly 36
jigsaw puzzle 30
jogging 51
judge 40
judo 51
juggler 55
jump 42
jump rope 17

kangaroo 18
karate 50
kennel 49
key 6
kitchen 6
kite 16
kitten 49
knee 38
knit 42
knives 7

ladder 10
ladybug 8
lake 16
lambs 24
lamp 5, 29
last 44
laugh 42
laundry soap 6
lawnmower 9
leaves 9
leek 34
left 44
leg 38
lemon 34
leopard 19
letters 5
lettuce 34
lift 30
light 45
light bulb 33
lighthouse 26
lightning 48
light switch 6
lion 18
lion cubs 18
lips 38
listen 42
living room 4
lizard 22
lock 22
locker 51
locker room 51
logs 23
long 45
lovebird 49
low 45
lunch 36

mailman 41
man 12
many 44
map 29
marbles 15
marionettes 15
markers 28
market 13
mashed potatoes 37
masks 15
mat 5, 54
matches 7
me 38
meat 35
mechanic 40
medicine 30
melon 34
merry-go-round 54
milk 36, 49
mirror 5
mist 48
mole 23
Monday 46
money 35
money box 15
monkey 18
moon 46
mop 7
morning 46
moth 23
mother 41
motorboat 26
motorcycle 13
mountain 22
mouse 49
mouth 38

movie theater 13
much 44
mud 24
mushroom 34

nails 11
near 44
neck 38
necklace 14
nest 9
net 27
new 45
newspaper 5
night 46
nightgown 31
nine 53
nineteen 53
nose 38
notebook 29
numbers 53
nurse 30
nuts 11

oar 26
ocean 26
oil 21
oil tanker 27
old 45
omelette 37
one 53
onion 34
open 44
opposites 44
orange 31, 52
orchard 25
ostrich 18
out 45
oval 52
over 44
owl 23

paddle 27
paint 42
paintbox 15, 28
paintbrush 29
paint can 11
painter 41
pajamas 31
pancakes 36
panda 18
pants 39
paper 29
paper chains 32
parachute 15
park 16
parrot 49
party 32
path 16
path 9
paws 18
peach 34
pear 31
peas 34
pebbles 27
pelican 18
pen 28
pencil 28
penguin 18
people 40
pepper 36
pet 41
pets 49
photographer 47
photographs 28
physician 30, 31
piano 15
pick 43
picnic 16
pictures 5
pigeon 8
piglets 25
pigs 25
pigsty 24
pillow 31
pills 30
pilot 21
pineapple 35
ping pong 51
pink 52
pipes 12
pitchfork 9
pizza 37
plane 11
planet 46
plank 10
plant 29
plates 7
platform 20
play 43
playground 12
playing cards 15
plough 25
plum 35
pocket knife 10
pockets 39
polar bear 19
pole 55
police car 12
policeman 40
police officer 13
policewoman 40
pond 24
pony 51
popcorn 54
porcupine 22
potatoes 35
present 32, 47
puddle 17
pull 43
pumpkin 35
puppy 49
purple 52
purse 35
push 43

rabbit 49, 55
race 50
race car 15
racket 50
radiator 5
radio 4
railings 17
rails 20
rain 48
rainbow 48
rake 9
raspberry 33
read 43
recorder 14
rectangle 52
red 52
reindeer 47
rhinoceros 19
ribbon 32
rice 37
riding 51
right 45
ring 14
ringmaster 55
ring toss 54
river 22
road 22
robe 30
robot 14
rocket 15
rocks 23
roller blades 16
roller coaster 54
rolls 36
roof 12
rooster 24
rope 27
rope ladder 55
rowboat 27
rowing 50
rugby 50
ruler 28
run 43
runway 21
RV 23

saddle 25
safety net 55
sail 50
sailing 50
sailing boat 26
sailor 26
salad 37
salami 33
salt 36
sandals 39
sandbox 16
sandcastle 26
sandpaper 10
sandwich 33
Santa Claus 47
Saturday 46
sauce 37
saucepans 6
saucers 7
sausage 33
saw 10
sawdust 10
scale 35
scarecrow 25
scarf 39
school 12, 28
scissors 28
screwdriver 10
screws 10
seagull 26
seal 19
seashell 26
seasons 48
seaweed 27
seeds 8
seven 53
seventeen 53
sew 43
shapes 52
shark 19
shavings 10
shed 8
sheep 25
sheepdog 24
sheet 5
ship 27
shirt 39
shoelace 39
shoes 39
shop 12, 34
shopping bag 34
shopping cart 35
short 45
shorts 39
shoulders 38
shower 4
sidewalk 12
sign 22
signals 20
sing 43
singer 40
sink 6
sister 41
sit 43
six 53

sixteen 53
skateboard 17
ski 51
skiing 51
skip 43
ski pole 51
skirt 39
sky 48
sleep 43
sleigh 47
slide 16, 54
slippers 31
slow 45
small 44
smile 42
smoke 9
snail 8
snake 19
sneakers 39
snow 48
snowboarding 50
soap 4
soccer 51
socks 39
sofa (couch) 4
soft 45
soldiers 15
son 41
soup 37
space 46
spaceship 46
spade 8, 26
spaghetti 37
spider 11
spinach 35
sponge 4
spoons 7
sport and exercise 50
spring 48
sprinkler 8
square 52
squirrel 22
stable 25
stairs 5
star 46, 52
starfish 26
statue 12
steamroller 13, 15
steps 13
stick 42
sticks 9
stones 22
stool 6
stove 7
straw 32
straw bales 25
strawberry 33
stream 22
street 12
street light 13

string 17
stroller 9, 17
submarine 14
sugar 36
suitcase 20
summer 48
sumo wrestling 51
sun 46, 48
sun hat 27
Sunday 46
sunscreen 27
supper 37
swans 17
sweater 39
sweatshirt 39
sweep 43
swimming 50
swimming pool 50
swimsuit 27
swings 16
syringe 30

t-shirt 39
table 5
tablecloth 33
tacks 11
tadpoles 16
tail 18
take 43
talk 42
tanker 24
tank truck 21
tap 4
tape measure 11
target 51
taxi 13
tea 36
teacher 29
tea kettle 7
teapot 36
teaspoons 6
tea towel 7
teddy bear 33
teeter totter 17
telephone 5
telescope 46
television 5
ten 53
tennis 50
tents 23
thermometer 30
thin 44
think 42
thirteen 53
three 53
throw 42
thumb 38
Thursday 46
ticket machine 20
tie 39

tiger 19
tightrope 55
tightrope walker 55
tights 39
tiles 7
tire 21
tissues 31
toad 23
toast 36
toes 38
toilet 4
toilet paper 4
tomato 34
tongue 38
toolbox 10
tooth 38
toothbrush 4
toothpaste 4
top 44
top hat 55
tortoise 19
towel 4
tow truck 21
toy store 14
toys 31, 32
tractor 24
traffic lights 13
trailer 13
train 23
train car 20
train set 14
train station 20
trapeze 55
trash 6
trash can 8
travel 20
tray 30
tree 9
trees 17
triangle 52
trick cyclist 55
tricycle 17
trowel 9
truck 13
truck driver 41
trumpet 14
trunk 19, 21
Tuesday 46
tummy 38
tunnel 23
turkeys 25
twelve 53
twenty 53
two 53

umbrella 26, 48
uncle 41, 44
undershirt 39
underwear 39
upstairs 45

vacation 47
vacuum cleaner 6
van, delivery 13
vegetables 9, 34
vet 49
village 23
vise 10

wait 43
waiter 41
waiting room 31
waitress 41
walk 43
wall 29
wardrobe 5
wash 42
washing machine 7
wasp 8
wastebasket 29
watch 30, 43
water 4
waterfall 23
watering can 8
water skiing 26
waves 27
weather 48
wedding day 47
Wednesday 46
wet 44
whale 19
wheel 20
wheelbarrow 8
wheelchair 30
whistle 14
white 52
wife 41
wind 48
windmill 22
window 32
windsurfing 50
wing 18
winter 48
wolf 18
woman 13
wood 11
workbench 11
workshop 10
worm 8
wrench 21
write 42

yacht 17
yellow 52
yogurt 35

zebra 19
zipper 39